目錄

人生四大重點皆在財情體運之得失故相應命題重點以作細緻分類參考必能明其吉凶之申述簡論

相應財情體運各命題能夠論吉或為悔此皆言得之大意簡述

相應財情體運各命題可能論凶或為吝此必言失之大意簡述

坤誌天地陰陽聖譜

緣起天運之始終

易道乾坤八法相關因緣解說

此【易道乾坤八法】為本道脈應世首傳第一部聖書，為行道之用，不限於五術工作者方得理會，但凡一切能識此文之有緣者，皆得方便運用，必能直斷未來之禍福吉凶，且得最適當之建議。

由明事理，是知因果，實為圓滿人生之直捷徑路，世道已入末法之期，人心惟危，道心惟微，此聖書之應世，主在安定寸心而除無明，無是非妄想，進而能圓宿業，欲離脫六道之輪迴，實在於此。

此【易道乾坤八法】應世之因緣，早發于世運之交會，歷時五千年，蓋人類文明之始終，剝復為自然之道，易者隨時，相應其緣，道之為道，全在因果，是此因，為本道脈相應天命而發生，而負此命，下凡歷劫，磨勵百世，而圓此聖書者，自為聖響蘇生，此蘇生來歷，為　九天玄女無極元君座下大弟子，故負此天命，自屬天責，凡塵俗世歷盡五千年，只為此世廣傳道脈聖書，以濟文明末法，為人類來世立定如心之善法。

諸有緣得此，願必珍視，萬事因果，盡皆在此，欲定此心，欲寬此執，欲圓此業，欲終此輪迴，則此聖書必為光明康莊之大道，諸有緣既得此書，體會以慎思，於人生之經營必如實圓滿，而終能相應內心之期待，此為真實離脫輪迴之妙法。

元君天乙太上乾坤道脈簡介

本道脈乃宇宙原始五道脈，為九天玄女無極元君所創，五行歸屬論火，歷經逾五十萬餘年，於宇宙各星球相異之道場所負責者，皆在匡正除邪之道，為淨化之律行，所能所為，皆在仙法道術，此為本道脈之本質，離火本性，如同使命。

本門以五術為根基，行深廣遠以為進階，而後仙佛直傳，言識心神，如有此本願入本門，則須以五術為起始，後以行道濟世積功德，得仙佛認證，方得真正入本門，入本門不言利益，須具至公之心，以除私而真無執，賴自修而成道真，由此相應人生各歷程，自得本門仙佛庇護。於此末世應劫之期，為本道脈廣招門人之際，五千年一會之因緣，並非易與，願有緣者積極把握。

【易道乾坤八法】一書，為本道脈應世首傳第一部聖書，爾後尚有相應進一步研究之著作，敬請讀者期待。

天道正念之乾坤應用申論

論卦要義在明進退建議故必相應財情體運所發生之吉凶悔吝方為最正確之敘作方式

人之所謀，相應自身條件與發展環境，其未來所必然呈現者，于易之道，即自然因果之變化，不外乎吉、凶、悔、吝四者，而世間萬物，依人性之所重，必在財情運體之間。

已知由日課三八四卦，此相應神機之得卦，必能完整相應人心所謀萬事之未來吉凶，因此針對三八四卦之論卦要義，以財情運體配合吉凶悔吝為經緯，即能針對所得日課，做所謀未來發展之完整解釋，其中之敘述淺白簡明，欲作衍生，須賴占者自己之省思，也可由事理敘作詩以作體會，此為易道乾坤八法之實際運用。

起課依起心動念之時機相應月日時分之絕對正法

日課依賴者為神機，論時空，當心之所發即論契機，而付之起卦故得相應，此亦為因果之論，論自然之道，故必相符契，如實之得，其所能為自不受侷限，而無所不包，萬事可問，其實際運用之法，必再配合易道乾坤八法，以論斷其吉凶與未來發展。

而起課正法，則在起心動念時空當下之月日時分之數，此須由農曆判斷，論月必依節氣以得其數，寅月為一，丑月十二，論日，直接依農曆日數，論時辰，於時辰交接處第十一分才論下一時辰，子時論一數，亥時論十二，而每一時辰一百二十分，分十二數，每十分為一數，由一至十二，如此得分數。

依月日時三數總合除八，可得外經卦，再加分數總合除八，以得內經卦，此內外經卦，均以先天卦數進行轉化，即一數為乾，二數為兌，三數為離，四數為震，五數為巽，六數為坎，七數為艮，八數為坤，如此得本卦，再取變爻，此為月日時分四數總合除六，所得餘數即變爻，由此得支卦，此即為日課成卦法。

日課起卦範例

如例乾之姤

以節氣所論之月數，再加農曆日數，再加占問時辰與分數，此四數所得除八之餘數是為一，此經卦為乾，為全數之本象，故居內卦，再捨分數，餘三數所得除八之餘數亦為一，是乾，為環境，既成之化象，故居外卦，合此內外卦，知本卦為乾。

再以月日時分全數除六之餘數，此相應六爻之變化，其餘數即其變，此例為一，故變初爻，本卦乾變初爻，內卦化為巽，是得支卦為姤，故此日課，由起心動念之時機，依月日時分之數所得者，即乾之姤卦象，餘卦起課方式仿此。

讀者須注意，或有各種因素而沒有正確起課，此必無妨，仍能以所得卦象直斷，此理同在神機，蓋易道主變，過程不問，只看結果，亦如實相應，起課之道由心，自然如此。

吉凶悔吝大意之主要解釋

由日課三八四卦中之論卦要義，其所指明之財情運體，所相應之吉凶悔吝，占者只須根據此處大意之所言，即能明白未來方向以行進退，至於適當建議，必在事理，故為爻辭建議與吉凶事理敘作詩，此須由體會，而此必能由持誦繫辭與敘作詩以得掌握，此即無為而為之法，本為習易之徑路。

吉之大意

為有得，占者所謀，相應於自身條件與環境，屬因緣俱足，故必進而有得，演義有分上中吉者，為所得之程度，此並非既定，人生成就事理必在乾乾之行，在論吉之條件下，亦必要積極用心才能真正符合期待，此為得卦論吉之必要相應態度，三八四卦皆如是。

讀者需知，所有得卦之吉凶結論，均非已成既定，而是依占者條件，呈現最為可能之結果，欲能改變這個結果，即在卦之建議，論吉則維持目前之態度，若論凶則必知所改變，重點在此，而至於卦之建議，全在邵康節演義、周公爻辭與事理敘作詩三個部分，若其意不明，則只要持誦入心自得體會，相關其餘論悔、凶、吝之大意均仿此，讀者必要理會，若再不明處，建議直接詢問蘇生，於臉書社團【學易門乾坤】提問，必有完整答覆。

凶之大意

難有所得，占者之謀望，其相應條件與環境因緣皆不足，故未能有所獲得，占者能積極之處，唯有等待並培養相應之能，最忌者，深執強為，此必招災眚，最佳態度，即是寬心無執。

演義有論凶厲之程度，主要在占者相應事件之執念淺深，寬執則能輕微，執迷必相對嚴厲，主要重點，同在接受卦之建議，若能積極於此，則必有機會挽回未來可能不利之結局。

悔之大意

同屬論吉，但程度有別，悔者，由凶向吉之義，同樣在相應條件與環境因素尚未具足，是未能有所得，然有善化之傾向，故未來可以期待，適當建議，為積極乾行，持恆必能得，故相關財情體運各代表命題悔之大意申論，此略而不論，蓋悔有吉之義，差別在等待時機。

此知由吉之大意相關各命題之申論以作衍生即可，而必重時機之申論，如何由得卦論斷時機，此必由關鍵事件，正確看法屬進一步之八法研究，如欲了解，同樣可於臉書社團【學易門乾坤】直接提問，這需要相應之學術基礎，能否完全理解須賴自己，這點須能理會，讀者不可強求，但若只是要確定時機，則能有正確答覆。

吝之大意

同為凶，在程度之差別，吝者，由吉向凶之義，為相應條件與環境因素本來具足，本能有所得，然有惡化之傾向，故主要關鍵在占者之作為，必要依照卦之建議，也就是相關事理敘作詩等卦之建議三部分，即能改變未來這最可能產生之不利結果。

至於相關命題之大意衍生，同樣參考凶之大意之申論，其中主要差別，自然在得失相應之期，要能掌握之時機必在關鍵事件中，即關鍵事件未完全成熟前，此在神機天地定位之法中，稱為化爻化實之前，相應此法，欲求理解之學者，同在臉書社團【學易門乾坤】。

吉凶悔吝四相程度分類皆分三等之簡易描述申論與分析

論吉卦意三種程度之差異分析

論吉之意—為有得，但必要持恆方能符合期待，若能用心積極，則必如心，或得超乎期待，人間成就事理本在此。

可論吉之意—重在必要積極持恆，方能有得，此論占者之方向正確，唯因緣尚未穩定熟成，故可能出現變數，為可論吉。

必論吉之意—此為相應因緣已然熟成，故無變數，論必有得，若占者持恆積極，必得意外豐厚之喜。

以上論吉卦意三種程度皆論能得，唯要義皆在用心積極持恆，方能迎合期待，若以得吉而心懈怠，則難免有所差遲，甚至於損，這點占者切勿自誤。

卦意論悔三種條件之差異分析

論悔之意—悔非直接之得失，是由凶轉吉之象，此論悔，為已有所失而生悔，是此心自明，而方向正確，故只要積極持恆善化，不要無端生疑，則終能言得。

必有悔之意—此必有所失方有所得，主要在此，逢此讀者須能自決，蓋得失由心，在執與不執之間爾，占者起心動念，所為求謀，必有執著之處，而一得一失之間，本損益之道，如心者方得安，此賴占者自辨，故須自決，得此必有悔卦意，無兩全之策，占者須能體會此。

有悔之意—直指占者現況之相應條件不足，必由此善化，方能言得。

論凶卦意三種程度之差異分析

論凶之意—為有失，不能論得，難以如心，得此論凶卦意，必指占者方向或行為思考模式不正確，故相應事件之因緣無法熟成，必要由占者自身善化，方可能改變，讀者須知此，方能於未來言得。

必論凶之意—為必有失，占得此卦意，建議占者寬執無為，蓋縱使占者積極善化，亦難改變其結果，卦所象者，雖不言既定，然某些相應條件永難契合，此如因果既定，故不得改變，必論凶卦意即為此，讀者須理會。

有凶之意—為已有所失，若深執強為，將更為嚴厲，若欲改變，須由卦之建議，包含思考與行為模式，都須進行善化，若無此心，則最好隨緣寬執，方不自招無端。

卦意論吝三種條件之差異分析

有吝之意—此言占者相對條件漸漸流失，必相關業報，由得而轉失。

必有吝之意—已可論凶，此亦相關業報，最忌深執強為，必有所失，且招災眚。

可論吝之意—此無關業報，為占者觀念所致，極可能由得轉失，故言占者自為，得此者必要自省，否則無端自招，只能怪自己。

人生四大重點皆在財情體運之得失故相應命題重點以作細緻分類參考必能明其吉凶之申述簡論

相應財情體運各命題能夠論吉或為悔此皆言得之大意簡述

總計五項綜合之財運命題分析

此為兑卦之取象，以兑之九章數為七，代表主要相關財運之命題僅有七種，而易數以五為生數之極，過五則為成數，不在易為變之道，故申論之命題合併為五項，以方便做申論。

首項為經濟

論吉之義，直指占者未來經濟之發展，必能漸漸符合期待，而於化爻化實之際，必產生明顯之轉機，欲真正符合期待，則須賴占者自己持恆積極用心，如心生懈怠，則所謂轉機後之發展將如曇花一現，而終究無法解決經濟問題。

所謂禍福無門，唯人自求，占者須明此義，命運非既定，人生經營皆由己，經濟之發展，必在積極、用心、持恆下方得成就。

第二為事業方向

人生成就事理，在積極持恆，此唯有心之所向方有可能，此相應於卦象，即占者心之所謀，也就是應爻，故此事業方向專看應爻，由應爻之各類呈象以做思考衍生。

這類看法對於一般讀者必有所困難，然亦無妨，蓋重點必由占者之興趣與能力，由此尋求事業方向最為實際，卦意論吉之義，代表占者必能立定志向，而容易於化爻化實之際穩定其事業，必依賴者，為占者自身積極之態度。

尋找工作與事業方向同一事理，唯用心而已，若務求投機，喜依賴，此徒自誤爾。

第三為工作未來之發展

占者主要關心者，約在於升遷與所得，其次為環境壓力，這與占者之相對能力條件息息相關，故知論吉之義，皆必能在化爻化實之際得以善化，而這同樣必賴占者積極維持工作表現，方有此相應，如消極懈怠則易生變數，而最主要者，莫過於定心，由此而能發揮，是發展論吉之主要理由。

第四項為創業投資與買賣

此必相關占者運勢，故須參考卦意所言運勢之吉凶悔吝，方能做完整之分析，基本上此項論吉之義，皆在於占者有相應之能力，而發展之吉凶，則在於運勢，故須運勢為論吉或為悔，方建議進行，而化爻化實之機，主要在於適當進行之時機，以投資創業而言，為入支卦之後論最適當，如以買賣而言，則先於此時進行論適當。

此雖言時機，然非必要執著，卦意既已論吉，則積極行動即是，至於相關投機之類，為易道所不言，此為常理，讀者不可由此自誤。

末項為相關債務

此主要者，在於何時能夠清償以及借貸之得失，故約重在化爻化實之際，如清償債務得卦論吉，則於此時必能明顯善化，占者必能掌握何時清償之時機，蓋此能自決，至於相關借貸，論吉之義為有得，指占者積極即是，相關化爻化實之機，或指成就之時，此非為重，相關進退得失之事理建議，而明自身積極方向，方為求卜之重點。

進與退，得失之道，人生由此，此經營要義，萬般皆自然，因果必分明，乾，即為道，論人間真相，願讀者深思。

總計五項綜合之感情相應命題重點分析

此為坎卦之取象，坎之九章數僅為一，代表主要相關感情之命題，皆僅有一項重點，也就是有心無心之別，而五數之內為變，故衍生之感情命題變化，也歸納為五項以做申論。

申論之卦意，須重視世應之相對關係，尤其世應之中其一帶旬空者，皆屬無心之取象，既無心，則不言得，此理須先明，不識旬空之讀者，必要自問，須理智看待，所謂情勝理則為枉，理制情方為圓，對象是否無心，皆在其行為舉措，真實輕易可知，唯受感情蒙蔽，方不見真相，欲知感情，須先知此。

首項為姻緣時機與方向

論吉之義，必直指占者有心且能積極，而是否終得姻緣，尚須參考運勢，唯運勢論吉或悔者方得成，此唯一變數，在於占者之積極能否持恆，如能堅定，則或在化爻化實之際擁有對象。

至於積極方向，自然在應爻之所象，由應爻納音，可知對象之表徵，而應爻地支，為相應占者目前所居，依後天八卦之位所定之方向，若不能判斷，實亦無妨，吉凶在進退之間，既論吉，則積極前行就是，必有所獲得。

第二項為婚姻

此類占問，必在婚姻發生問題，而關切未來是合是離，其中主要疑惑，必在感情之專一，是知論吉之義，在占者之疑惑並不存在，產生問題之因，多在缺乏適當有效之溝通，只要能積極於此，皆能無妨，而化爻化實之際，即是安心之時。

婚姻之道，必在雙方相知相孚而不存疑，見疑生變為婚姻之業，多在此心之發生，讀者須知此。

第三項為感情發展

感情發展最終目的在成家人，故主要重點在於是否終究能合，論吉之義，自然是為合，現況所產生之任何問題皆屬多疑，同樣欠缺者在溝通，而是否終成家人則未必為定，蓋主要還是在占者之選擇。

俗言姻緣天定，此為誤解，感情之類必由心發生，宿世之業已隱藏在此，是己之所執而相應業緣，自非上天所造，能圓滿與否，皆在自身經營，或言須求正緣，更為歧道，幸福非可求得，完全在於自己是否擁有正確之愛情觀，此人生本非既定，皆在自己之經營，世人多持宿命既定之見，此實魔道之惑，為強執之枷鎖，若人生諸事既定，則下生此人間道場，善惡非由己，不能圓滿自性，僅為劇本之演出，則人生何為？又有何真實意義？願讀者皆能細思之。

感情一道，必關恩仇，此為業緣之所誌，過程是否圓滿，必在此心，或相應者悲多於喜，此實在化業，業終則圓，此心能善應對，則亦得美滿，或相應者歡多於苦，此食其福，須善珍視，方能久長，此為重要之感情事理，至於對象非善，當己有所覺，則進退之機必已在己，不關業報，此心能做選擇，不必強執當作化業而強作忍耐，此徒自困爾，此必要能理會之。

第四項專指第三者之問題

這主要在有或無，不論現在、過去或未來，以論吉之義，相應感情占問，皆在占者有心且多疑自擾，是知第三者並不存在。

第五項相關復合之問題

既言論吉，自能復合，唯須在化爻化實之前積極進行，方不衍生變數，重點在此，以應爻為謀合對象，故必由應爻之動靜取象以分析適當之建議，而主要在動與靜，如應爻發動，此謀合必水到渠成，蓋對方必能積極，如為靜，則須賴占者用心，積極之處，同樣在於適當之溝通，不能分析這類資訊之讀者，既知卦意論吉，則定心積極即是，亦必能符合期待。

以上五項為相關感情之主要命題申論，所有命題相關吉凶悔吝之重點，皆在占者有心無心所產生之差別，此為執與不執，以執論有得，但心之執，必屬枷鎖，難以自在，故有執雖論得而為喜，然若不能善於應對，亦如同入苦趣，相應感情事理如此，須能善加體會。

相關身體命題總計五項之重點分析申論簡述與建議

此為離卦，九紫離火，其數為九，為亢之象，是知疾厄之生，皆在五行氣之妄，失衡而有所發生，其理唯一，然衍生命題仍然為五。

五氣不和，主要因由在不適當之情緒，如憂思，必傷脾胃，如為悲，則傷肺，恐懼傷腎，怒傷肝，而亟心之喜，則必傷心，相關身體問題此為最要，讀者需能理會，則不論所得是吉是凶之卦，皆容易善化身體之問題。

首項命題為身體健康檢查

得卦論吉，則代表身體健康，唯該注意者，為世爻所居納音所相應之臟腑，如為水，在腎膀胱，如為木，在肝膽，為火，在心與小腸，土在脾胃，為金，則知為大腸肺。

此世爻所居納音五行，皆為體內五行氣燥妄者，故易由此生成病因，而須知針對其相應臟腑以作調理，卦意既論吉，則調理之法必得速效，至於調理之方式無須醫藥，主要在自然之作息，項多配合按摩拍打即可，此外占者之情緒為另一項重點，所謂憂思最傷身，占者須自安，方能避免身體產生問題，事理本如此，相關身體之五項命題占問，皆須重視此。

次項命題為養身建議

養身以五氣平和為主要，而以世爻所居五行，此為納音，必論過旺，故以洩其五行之力為主，此補洩之法，可遵照醫師建議，約以食為主，卦意既論吉，只要積極為之，則得於化爻化實之際善化。

五氣不和，必在脾氣之擅發，而相應者在情緒不定，故養身之要在養性，知此理，則一生得以無疾。

第三項命題為此病症之未來發展吉凶

卦意既論吉，則約能無妨，大都能於化爻化實之際善化或者痊癒，應爻為此病症之相應取象，由其動靜陰陽，以論病徵，由其所居經卦，以論相應之臟腑，至於其他官鬼則須忽略不論，以此命題這屬例外，蓋此命題之病症直指應爻，故不由取象。

此命題若為自占，既得身體論吉悔之卦，則必先自安，若現況已行醫藥，則無需變化，約能痊癒，若尚未用醫，則主要在生活作息，改變不良習慣，自能漸漸善化，人體為至寶，有極強大之自癒功能，身體之主要穴位皆能為醫藥，有空多按壓即可，此簡易之法，須自行積極，長久行之，自得其效。

第四項命題為求醫建議

此必直看應爻取象，蓋有助者必要相應，自然如此，重點在應爻是否論動，如應爻發動，為貴人主動出現，此卦意言吉，則以順從貴人建議為吉，須注意以第一位貴人提出之建議為主，這自然包括斷卦者之建議，必以之為優先，如應爻安靜，則需占者主動，由應爻所指方位，尋找符合應爻納音取象之對象，卦意為吉，代表必得良醫，進而善化。

如不識應爻之法亦無妨，讀者占此命題，得身體論吉悔之卦，則依自心之直覺以尋醫，亦必得善化。

第五項命題為病源確定

疾厄之生，必由此心所發，重在五行之妄動，以世爻所持納音五行即為占者具象，故論病源必在世爻所指，依世爻納音五行，即屬妄動之五行，另則為世爻所居經卦相應之臟腑，此二項為明顯重要之病源，除此二項外，應爻所居經卦取象之臟腑，以及出現於卦中之官鬼爻干支納音取象，為隱藏之病源，欲求痊癒，這四點皆不可忽略，必由此調理。

這相關病源之看法，須有學術基礎者方能解讀，一般讀者自占無須解讀，只須注意世爻納音，由前面所論相應之臟腑即為病源，由此進行善化即可，而卦意論吉，皆代表容易善化，同樣重點，占者須能自安，穩定情緒與脾性，勝過一切。

總計三項綜合運勢必論之命題重點分析建議簡述

此為震卦之取象，震之九章數為三，故主要運勢命題為三種，相應運勢之重點必在己能，而知積極用心持恆，若持宿命定見而不思積極，則徒拘束自困爾，世人多以為命運天定，故亟思依賴而多求，是僅知消極等待運蹇之終端，此定見真實為魔道之惑，無常輪迴由此，深願讀者細思之。

首項命題為占問事件之未來發展吉凶

論吉之義，此相應占者心中期待必有所符合，故建議積極持恆，或者隨順因緣，皆能相應如心。

至於迎合期待最可能發生之時機，則必在化爻化實之後，而最久頂多需要再過十個月，蓋所有事件之發展，於進入支卦之後，也就是化爻化實之後，則此因果已成既定，待其因緣成熟，即為論得之時，而十月之期，為業果成熟之定期，根據占者積極之程度，而能縮短此定期，甚至到百日即開花結果，總之不超過此十月之定期，占者要能速成，唯賴自己持恆積極而已。

第二項為運途不順之因

此必專重應爻取象，特別者在應爻旬空必不論卦意，直指占者多疑自擾，餘者論吉之意，為必得改善，縱使占者無為，只要能不著心，皆得無妨，至於相關應爻取象，主象由納音，即納音三句辭配合其卦象，而應爻地支言方位，此可能為實物或為無形，要確實分辨必有相當困難，而既言吉，代表無妨害，雖非不存，只要能不著心，皆必於化爻化實之際消失無形，而占者之運，亦能由此產生轉機。

末項為善化運勢最可能之時機與如實之建議方案

論吉之義，則知善化運勢為可能，故其時機為化爻化實之際，至於相關建議當在爻辭，而由事理敘作詩可明其中因果，讀者持誦入心，自生體會。

相應財情體運各命題可能論凶或為吝此必言失之大意簡述

總計五項綜合之財運命題分析

首項為經濟

論凶之義，直指尚未能樂觀，必於化爻化實之後，方可能產生轉機，占者所能為者，必在化爻化實之前善化各相對之條件，如培能、改變觀念、行善積德之類，此必要用心積極，否則此轉機，只能為經濟持續惡化之開始。

蓋財運是否順遂，必在占者相應條件之充足，而此相應條件，最要者為占者之應對能力，其次則為人脈及福緣，若此皆不足，自難善化，如能改變之時間已然不足，則此卦意論既定，占者仍需積極於卦之建議，未來或可有為。

第二為事業方向

論凶之義，在不能符合占者期待，最主要者，即在占者之心態，應爻所指，仍必為最適合之方向，只是占者多疑或無自知之能，故不得穩定或不能言得，此必要在化爻化實之前善化這些條件，方可能相應占者期待。

讀者需注意，要能取得工作，必賴自身積極，若不能善化此，實屬業報相應，而此相關業報能真正如實化解之法，為解冤債，此法唯有占者發心，參與每年農曆七八月份各公眾廟宇既定之法會，或請求仙佛做主，而必發願以償業債，此圓滿之法，為上蒼所開方便之門，有此需要之讀者可善把握，相關此法有任何疑問，皆可於臉書【學易門乾坤】提出，必得圓滿答覆。

如今世道，是非難分，事理不明，多由解冤債之說以逞其利者，一場法會動則上萬，經濟寬裕者無妨，而經濟拮据者自有損，此上蒼方便之門，豈能有此分別者耶，似此多言無益，讀者須能自明。

第三為工作未來之發展

此相反於論吉，主要在化爻化實之後，必逢意外之變化，而最可能者為離職，此或主動或被動，建議占者須預做準備，方能減少損失，得此類卦意，最要者在卦之建議，若能在事件未成既定之前，而能積極於卦之建議，此相關善化之時段至少需要三個月，由此則能改變此論凶之結論而轉化為吉，重點在此。

第四項為創業投資與買賣

既然論凶，則無建議進行之理，主要者當然在占者相應條件均不足，若深執強為，必自招災眚。

末項為相關債務

不論借貸或討債權，論凶之義，皆無所得，若論適當進行之時機，皆在進入支卦後，再等半年或一年進行，方有獲得之可能，但此僅為可能，如為必論凶卦意，則可直接放棄。

以借貸言，必經由銀行借貸，方不生人情因果，須知卦意縱使言吉，亦不建議衍生人情之借貸，蓋借貸之因由，約在善化經濟之目標，人情因果只能令經濟惡化，延長善化經濟之良機，此相關福報之轉化，行之為無形，此理須能明。

總計五項綜合之感情相應命題重點分析

首項為姻緣時機與方向

占者所得，除必論凶卦意外，皆直指占者相應條件尚未充足，不論相應時機，只要由卦之建議積極善化自身條件，自能漸漸迎合期待，而所有卦不問其中事理，其建議最要者，皆唯有積極而已。

第二項為婚姻

論凶之義，主要在疑惑成為現實，故不利於發展，婚姻不能穩固，而產生離異之可能，而這主要在占者之選擇，至於化爻化實之後，屬更為嚴厲，不欲離者須能寬忍，欲待真正轉機，自然是支卦之運結束後，約半年至一年間，而要如實善化，唯有認清婚姻之道，而彼此有心，方得相應。

第三項為感情發展

論凶則難為合，人性相對於感情約屬強執，故難以變化其思考與行為模式，故感情逢凶吝者，約可視為定局，可能改變之法唯有化業一途，別無他法，然若能寬心隨緣，不著此心，則必無傷害，此執與不執之間，賴占者自辨。

第四項專指第三者之問題

論凶之義為有，而於化爻化實之際浮現檯面，占者須先有心理準備，未來將如何抉擇，須以對象之態度而定，如仍有心於婚姻，則不妨開誠布公共同解決，如對象無心，則需僅知隨緣，雖屬業緣之相應，此最得其福，如何選擇，當在自己。

相關第三者，最能破壞感情之道，遇此者必要理智看待，最忌深執而癲狂，世間萬事必由因果，若能由此而明自省之道，則未來感情之路皆能為圓。

第五項相關復合之問題

如所得為必論凶，必無此可能，餘者依照卦之建議，必要積極善化方有可能，然過程必為磨心，非能悅樂，感情之道在情投意合，勉強之作為皆必為難，必知寬心隨緣方為善道，而不妄生因果且招無端。

相關身體命題總計五項之重點分析申論簡述與建議

首項命題為身體健康檢查

既得論凶吝之卦意，代表身體必將衍生疾厄，最可能產生之病症，其一為動爻所化出之經卦所相應之臟腑，其二看官鬼爻干支納音取象與所居經卦相應之臟腑，如官鬼爻伏藏，則此項不論，最後看世爻所持干支納音取象，即納音五行所相應之臟腑，與世爻所居經卦取象。

此世爻所象必屬病源，餘二項論衍生，而發病時機，以化爻化實之後衍生嚴厲，故皆必於化爻化實之前尋求善化，此善化之要點必在世爻，以洩其納音之氣為主，或由醫藥，或由食輔，而依世爻納音所相應之情緒表象，此為重中之重，必要能徹底節制，由此配合爻辭建議，理會敘作詩之事理，則必能有效善化，至於實際病症如何確定，此非必然，論身體疾厄以去除病源為重，故此非著眼之處。

次項命題為養身建議

既得論凶吝之卦意，自為養身不易，主要在占者情緒無法善化，此亦相應業報，須解冤債，縱使得必論凶卦意，亦須積極於此，方免於惡化，重點在此。

相關情緒，為心之感受，為五賊之侵害，此論為業，人間五賊充斥，故無人能避，要能如實善化，唯通明事理而制約此心，伏心猿意馬，即所謂修身養性而已，人生目標為圓滿宿業，在求此心之定靜，修道學佛，皆重於此。

第三項命題為此病症之未來發展吉凶

既得論凶咎之卦意，此代表必然惡化，須注意者在鬼爻化出，此論嚴厲，必要求仙佛之助，即前論解冤債之法，或發善願以求避免，此時機要在化爻化實之前，否則必成定局，至於衍生之病症，必為動爻所化出之化爻所象，此須論者，為化爻納音與經卦各相應之臟腑，皆為衍生之病症，若二者相同，自然更為嚴厲。

病症之產生，自屬業報，而擅發之機，當在此心之妄，相應者為情緒，造因者論五賊，其中善化之道，為持守定，此為養性之義，若能明白此，縱如業障之報亦能速解，而人生亦可為無疾，此因果事理明白於此，讀者須善理會。

第四項命題為求醫建議

論凶之義，為求醫成效有限，主要仍在於占者自己，為不良之習性與情緒，須先由此，而提供之建議，仍在應爻取象，此應爻不論動靜，非卦意所重，所重者在爻辭建議與敘作詩事理，由此占者之習性與情緒，方可能善化，此在占者自決。

既然求醫非善化之道，必知為業報，故建議求助仙佛，以解冤債之法，此為釜底抽薪，最能如實善化，大約身體命題皆相關業報，這點須能理會。

第五項命題為病源確定

同樣如論吉大意所申論，而論凶之義，以病源為明顯與隱藏者各二，代表不易確定，故難言善化，而既論凶，則屬病症容易惡化，基本上於化爻化實之際呈現，能建議者，重在世爻納音所指病源積極進行調理，蓋此必為主要病源，而調理之重點，當在情緒與生活作息。

總計三項綜合運勢爻論之命題重點分析建議簡述

首項命題為占問事件之未來發展吉凶

不能符合期待，必無所得，於化爻化實之際即能呈現，如占得必論凶之卦意，則建議選擇放棄，其餘可賴積極善化自身條件，或能改變結果。

第二項為運途不順之因

同樣在應爻取象，若為旬空，吉凶悔吝皆不論，皆屬占者自尋煩惱，至於論凶之義，自然不得改善，主要為業報之相應，最須待時，為支卦應期結束後，而重在爻辭建議與敘作詩之事理，若能理會而力行，自能如期善化，否則於支卦應期結束，相關業報之因果仍舊衍生，必要避免，所重本在此。

如求仙佛之助，亦不能縮短業報之期，然能避免因果衍生，主要在此，然亦須能配合事理建議方可，最特別者，為應爻所象之陽宅風水形煞，此相應者，真實在於心，心若無執，任何形煞皆能不傷，如心有所疑，形煞之傷自能累積成實，故事理不明，自得形煞之相應，而此自然必求仙佛之助。

至於相關陰宅風水，絕非為運途不順之因之理由，蓋陰宅風水對人之影響僅可能為吉，而能為凶者，皆必為祖靈之報，須知此理，故論者不在陰宅而在祖靈，似此者直接詢問祖先，自能找到相應理由。

運途逢蹇，為行坎，文王辭曰—習坎，有孚，維心亨，行有尚。此為脫困之理，皆在此心相應，唯賴自決，切不可心存依賴，世人定見，少問己尤，無明自省之功，是由此而昏蒙不智，造輪迴之由。

末項為善化運勢最可能之時機與如實之建議方案

同論吉大意之申論，惟不易善化運勢，只能等待支卦應期結束方生轉機，若得此卦，最重要之建議自在化解冤債，此法如前述，似此求助仙佛外，並明事理而能力行，持恆積極，自能應期善化。

日課總計三八四卦相應人生四大重點財情體運各絕對之吉凶悔吝卦意之羅列分析

易道乾坤八法之運用，在依起卦神機所得之日課即所得卦，於此對照相應得卦，所陳述之財情體運各項分類之吉凶悔吝，以確定占問事件之未來最可能發展，由此思考其中應對進退之道並最適當之建議。

而相應財情體運各命題之吉凶悔吝，已於前篇完整詳述，讀者必能由此而得掌握進而自決，此無須依賴他人，為全自省之功夫，為自心惕勵必見如來之道。

如來者，因果也，知因知果，能除無明，人生之大道本該由此，易道所言，自天祐之吉無不利者，蓋言此也，即引人入善之道，已立方能立人，世間末世之法，多強調依賴，乃引人入迷，非至善之道，讀者須知分辨。

以下依日課首卦為六十四卦，按序卦之分類，其下變化為六，總計三八四卦一一羅列分析，其中相關爻辭建議與事理敘作詩，此不論讀者有無習易，皆可由持誦以作體會，必能相應讀者所關心之占問事件，此無須疑惑，親自體驗必知，此前篇所言無為而為之妙法絕對真實，這也是學者親身之體驗。

乾之姤

邵康節【演義】—此爻見龍在田。利見大人。君子得之。終日乾乾。夕惕若。以是自彊不息。居上不驕。在下不憂。大吉也。

必論問題關鍵

世爻資訊—上爻為靜爻壬戌《大海水》，陽居陰位，不得其正，須避免過亢，踏實以緩是為吉，上爻天位能為主，必知得失眾寡由己。

關鍵事件—成卦【天山遯】初九動爻甲子《海中金》化辛丑《壁上土》

易林取象—仁政不暴。鳳凰來舍。四時順節。民安其處。

乾九三—君子終日乾乾。夕惕若。厲。无咎。象曰。終日乾乾。反復道也。

絕對吉凶論卦要義

吉凶事理敘作詩—亟心為乾戰鼓鳴。此因化巽爭分明。生得姤卦陰陽相。萬物化成是大吉。

相應財情體運之吉凶悔吝論斷要義詳述

【財運】—必論吉。

【感情】—可論吉。

【身體】—可論吉。

【運勢】—必論吉。

乾之同人

邵康節【演義】—此爻謀望一切必可順遂。官吏占之。有超遷之喜。士人占之。有功名之慶。占前程者。福壽綿長。占事業者。根基牢固。惟求財無望。

必論問題關鍵

世爻資訊—上爻為靜爻壬戌《大海水》

關鍵事件—成卦【天澤履】九二動爻甲寅《大溪水》化己丑《霹靂火》

易林取象—子號索哺。母行求食。反見空巢。訾我長息。

乾九四—或躍在淵。无咎。象曰。或躍在淵。進无咎也。

絕對吉凶論卦要義

吉凶事理敘作詩—有田一畝豐收足。化出離火是為能。同人親比稱其果。惟論資財無獲得。

相應財情體運之吉凶悔吝論斷要義詳述

【財運】—論凶。

【感情】—論吉。

【身體】—論悔。

【運勢】—論吉。

乾之履

邵康節【演義】—能喫苦中苦。方為人上人。占此爻者。務須猛著祖鞭。力求上進。若自為有恃無恐。則不進反退也。

必論問題關鍵

世爻資訊—上爻為靜爻壬戌《大海水》

關鍵事件—成卦【乾為天】九三動爻甲辰《覆燈火》化丁丑《澗下水》

易林取象—空拳握手。倒地更起。富饒豐衍。快樂無已。

乾九五—飛龍在天。利見大人。象曰。飛龍在天。大人造也。

絕對吉凶論卦要義

吉凶事理敘作詩—立定基石求進步。兌入虎口細思量。識履知節必有終。乾乾若失不為還。

相應財情體運之吉凶悔吝論斷要義詳述

【財運】—必有悔。

【感情】—有悔。

【身體】—有吝。

【運勢】—必有吝。

乾之小畜

邵康節【演義】—此爻主大器晚成。得意必在暮年。若青年得志。必如秦之甘羅。唐之王勃。雨打風飄。示警也。

必論問題關鍵

世爻資訊—上爻為靜爻壬戌《大海水》

關鍵事件—成卦【天水訟】九四動爻壬午《楊柳木》化辛未《路旁土》

易林取象—据斗運樞。順天無憂。與樂並居。

乾上九—亢龍。有悔。象曰。亢龍有悔。盈不可久也。

絕對吉凶論卦要義

吉凶事理敘作詩—進退須決躍淵魚。呈象巽果事未得。小畜未雨知晚成。最怕如意僅少年。

相應財情體運之吉凶悔吝論斷要義詳述

【財運】—必有吝。

【感情】—有吝。

【身體】—論吉。

【運勢】—必有吝。

乾之大有

邵康節【演義】——此爻有待時而動之義。占得者必潛蓄精神。為奮發地。却不可輕舉妄動。致轉取戾。順之者吉。逆之者否。

必論問題關鍵

世爻資訊——上爻為靜爻壬戌《大海水》

關鍵事件——成卦【天風姤】九五動爻壬申《劍鋒金》化己未《天上火》

易林取象——上帝之生。福祐日成。脩德行惠。樂安且寧。

坤初六——履霜。堅冰至。象曰。履霜堅冰。陰始凝也。馴至其道。至堅冰也。

絕對吉凶論卦要義

吉凶事理敘作詩——飛龍在乾須應時。離火制金何不歸。或言大有元亨象。捨順取逆誤其身。

相應財情體運之吉凶悔吝論斷要義詳述

【財運】——有悔。

【感情】——必有悔。

【身體】——必有悔。

【運勢】——有悔。

乾之夬

邵康節【演義】—一個悶葫蘆。無人打得破。故自來少參透事情之人。此爻在使人搜尋妙道。而妙道實亦並不奇妙。在人之自悟耳。

必論問題關鍵

世爻資訊—上爻為變爻壬戌《大海水》

關鍵事件—成卦【乾為天】上九動爻壬戌《大海水》化丁未《天河水》

易林取象—孤竹之墟。失婦亡夫。傷於蒺藜。不見少妻。東郭棠姜。武氏以亡。

坤六二—直方大。不習无不利。象曰。六二之動。直以方也。不習无不利。地道光也。

絕對吉凶論卦要義

吉凶事理敘作詩—亢龍有悔終須悟。兌藏艮巽明始終。化得夬卦能施祿。應天有道助此生。

相應財情體運之吉凶悔吝論斷要義詳述

【財運】—有凶。

【感情】—必論凶。

【身體】—必有吝。

【運勢】—有凶。

坤之復

邵康節【演義】—此爻開創匪艱守成維艱。若不善守。僅一二傳。已覆亡矣。何以保之。曰勤曰謙。占者守之康強逢吉。

必論問題關鍵

世爻資訊—上爻為靜爻癸酉《劍鋒金》

關鍵事件—成卦【澤風大過】初六動爻乙未《沙中金》化庚子《壁上土》

易林取象—眾鬼所趨。反作大怪。九身無頭。魂驚魄去。不可以居。

坤六三—含章。可貞。或從王事。无成有終。象曰。含章可貞。以時發也。或從王事。知光大也。

絕對吉凶論卦要義

吉凶事理敘作詩—迷相是坤退無行。其因化震亢陽生。化出復卦真無執。乾乾之行終能吉。

相應財情體運之吉凶悔吝論斷要義詳述

【財運】—有吝。

【感情】—必論凶。

【身體】—有吝。

【運勢】—有吝。

坤之師

邵康節【演義】—此爻人力難回天命。命中應有者揮之不去。不應有者招之不來。居易俟命最為上策。

必論問題關鍵

世爻資訊—上爻為靜爻癸酉《劍鋒金》

關鍵事件—成卦【風天小畜】六二動爻乙巳《覆燈火》化戊辰《大林木》

易林取象—皇陛九重。絕不可登。未見王公。謂天蓋高。

坤六四—括囊无咎。无譽。象曰。括囊无咎。慎不害也。

絕對吉凶論卦要義

吉凶事理敘作詩—此心无妄求定靜。化坎錯離相水火。師卦有為尚丈人。居易俟命不為難。

相應財情體運之吉凶悔吝論斷要義詳述

【財運】—有凶。

【感情】—論凶。

【身體】—有吝。

【運勢】—有凶。

坤之謙

邵康節【演義】—此爻葉落歸根。人老終死。富貴仍空。貧賤亦暫。憂心焦慮。終然自苦。即真即幻。仙家之秘。占者不必欣欣。更毋庸戚戚也。

必論問題關鍵

世爻資訊—上爻為靜爻癸酉《劍鋒金》

關鍵事件—成卦【山水蒙】六三動爻乙卯《大溪水》化丙申《山下火》

易林取象—修其翰翼。隨風向北。至虞夏國。與舜相得。年歲大樂。邑無盜賊。

坤六五—黃裳。元吉。象曰。黃裳元吉。文在中也。

絕對吉凶論卦要義

吉凶事理敘作詩—含章有美勿居功。此心為艮明始終。是得謙象黃墳土。富貴原來一場空。

相應財情體運之吉凶悔吝論斷要義詳述

【財運】—有凶。

【感情】—有凶。

【身體】—必論凶。

【運勢】—有凶。

坤之豫

邵康節【演義】—此爻主婦人長舌。惟厲之階。牡雞司晨尤亂家政。悟云。若要家不和。討個小老婆。占者鑑之。

必論問題關鍵

世爻資訊—上爻為靜爻癸酉《劍鋒金》

關鍵事件—成卦【天風姤】六四動爻癸丑《桑拓木》化庚午《路旁土》

易林取象—鉛刀攻玉。堅不可得。盡我筋力。眡疊為疾。

坤上六—龍戰于野。其血玄黃。象曰。龍戰于野。其道窮也。

絕對吉凶論卦要義

吉凶事理敘作詩—陰勝于陽知敬慎。震象制土多耗虛。化得豫象諸事情。明哲保身總相宜。

相應財情體運之吉凶悔吝論斷要義詳述

【財運】—必論凶。

【感情】—必論凶。

【身體】—論凶。

【運勢】—論凶。

坤之比

邵康節【演義】—此爻舊主重逢衣食有恃。因人成事獨立為難。占之者勿遽自立一幟也。

必論問題關鍵

世爻資訊—上爻為靜爻癸酉《劍鋒金》

關鍵事件—成卦【風澤中孚】六五動爻癸亥《大海水》化戊戌《平地木》

易林取象—孔德如玉。出於幽谷。升高鼓翼。輝光照國。

屯初九—磐桓。利居貞。利建侯。象曰。雖磐桓。志行正也。以貴下賤。大得民也。

絕對吉凶論卦要義

吉凶事理敘作詩—守中居下忌為首。坎水入地陷無蹤。終成比卦知順從。成事因人不為難。

相應財情體運之吉凶悔吝論斷要義詳述

【財運】—可論吝。

【感情】—論悔。

【身體】—論悔。

【運勢】—必有吝。

坤之剝

邵康節【演義】—此爻諸事絕望。災戾重重。占病沉重。占訟必凶。若求吉慶。杳杳無期。惟修德可轉危為安。占之者宜虔誠禱求。

必論問題關鍵

世爻資訊—上爻為變爻癸酉《劍鋒金》

關鍵事件—成卦【水山蹇】上六動爻癸酉《劍鋒金》化丙寅《爐中火》

易林取象—南山大玃。盜我媚妾。怯不敢逐。退而獨宿。

屯六二—屯如邅如。乘馬班如。匪寇婚媾。女子貞不字。十年乃字。象曰。六二之難。乘剛也。十年乃字。反常也。

絕對吉凶論卦要義

吉凶事理敘作詩—陰盛至極曰戰龍。坤象化艮現虎蹤。爭得剝象諸事絕。反求諸己必進德。

相應財情體運之吉凶悔吝論斷要義詳述

【財運】—必論凶。

【感情】—有凶。

【身體】—有凶。

【運勢】—必論凶。

屯之比

邵康節【演義】—此爻天地逆旅。隨遇而安。滿面風塵。不以為意。加膝墜淵。視若儻來。非達人大觀。必不致此。占者其速師之。

必論問題關鍵

世爻資訊—二爻為靜爻庚寅《松柏木》

關鍵事件—成卦【水風井】初九動爻庚子《壁上土》化乙未《沙中金》

易林取象—獐鹿逐牧。飽歸其居。反還次舍。無有疾故。

屯六三—即鹿无虞。惟入于林中。君子幾。不如舍。往吝。象曰。即鹿无虞。以從禽也。君子舍之。往吝。窮也。

絕對吉凶論卦要義

吉凶事理敘作詩—居貞建侯斯為屯。龍行坤德以成功。親比一體知榮辱。隨緣達觀自能安。

相應財情體運之吉凶悔吝論斷要義詳述

【財運】—有悔。

【感情】—有悔。

【身體】—可論吉。

【運勢】—有悔。

屯之節

邵康節【演義】—此爻水火既濟。頗有福澤。惟得隴望蜀，人情大抵皆然。故苦心焦慮。多不知足。占者切勿如是。安分守己為貴。

必論問題關鍵

世爻資訊—二爻為變爻庚寅《松柏木》

關鍵事件—成卦【艮為山】六二世持動爻庚寅《松柏木》化丁卯《爐中火》

易林取象—眾神集眾。相與議語。南國虐亂。百姓愁苦。興師征討。更立賢主。

屯六四—乘馬班如。求婚媾。往吉。无不利。象曰。求而往。明也。

絕對吉凶論卦要義

吉凶事理敘作詩—屯如邅如無成果。此心成兑苦不足。節能知止無憂煎。知足守分是貴方。

相應財情體運之吉凶悔吝論斷要義詳述

【財運】—有吝。

【感情】—可論吝。

【身體】—可論吝。

【運勢】—有吝。

屯之既濟

邵康節【演義】—此爻二人同心。其利斷金。三人同行。必有我師。眾擎易舉。孤掌難鳴。即此義也。其用意深遠矣。占此者可不知所務歟。

必論問題關鍵

世爻資訊—二爻為靜爻庚寅《松柏木》

關鍵事件—成卦【風水渙】六三動爻庚辰《白臘金》化己亥《平地木》

易林取象—棟隆輔強。寵貴日光。福善並作。樂以高明。

屯九五—屯其膏。小貞吉。大貞凶。象曰。屯其膏。施未光也。

絕對吉凶論卦要義

吉凶事理敘作詩—無才無輔行乎險。離象虛中忌無明。既濟有定終成亂。朋黨同行最能安。

相應財情體運之吉凶悔吝論斷要義詳述

【財運】—論悔。

【感情】—論悔。

【身體】—論悔。

【運勢】—有悔。

屯之隨

邵康節【演義】—此爻主不日出山。匡濟時艱。如出仕則廣被恩澤。行商則小民利賴。行善則人受其賜。皆是也。占之吉。

必論問題關鍵

世爻資訊—二爻為靜爻庚寅《松柏木》

關鍵事件—成卦【風天小畜】六四動爻戊申《大驛土》化丁亥《屋上土》

易林取象—太乙駕騮。從天上來。徵我叔季。封為魯侯。

屯上六—乘馬班如。泣血漣如。象曰。泣血漣如。何可長也。

絕對吉凶論卦要義

吉凶事理敘作詩—屯象乘馬因緣至。外坎化兌興雨澤。得隨心動盡如意。行道濟世堪為吉。

相應財情體運之吉凶悔吝論斷要義詳述

【財運】—必論吉。

【感情】—必論吉。

【身體】—論吉。

【運勢】—論吉。

屯之復

邵康節【演義】—此爻有水火既濟之象。若有火無水。未免偏廢。占者須知調劑之道。

必論問題關鍵

世爻資訊—二爻為靜爻庚寅《松柏木》

關鍵事件—成卦【風水渙】九五動爻戊戌《平地木》化癸亥《大海水》

易林取象—牧羊稻園。聞虎呻喧。懼畏惕息。終無禍患。

蒙初六—發蒙。利用刑人。用說桎梏。以往吝。象曰。利用刑人。以正法也。

絕對吉凶論卦要義

吉凶事理敘作詩—屯其膏謂權不足。外象化坤是迷途。縱得復卦未成行。必水制火主調和。

相應財情體運之吉凶悔吝論斷要義詳述

【財運】—必論凶。

【感情】—有凶。

【身體】—必論凶。

【運勢】—有凶。

屯之益

邵康節【演義】——此爻示知音之少。兼覺不易。占之者切莫濫交。更勿誤入歧途。為盛德之累。

必論問題關鍵

世爻資訊——二爻為靜爻庚寅《松柏木》

關鍵事件——成卦【山風蠱】上六動爻戊子《霹靂火》化辛卯《松柏木》

易林取象——水戴船舟。無根以浮。往往溶溶。心勞且憂。

蒙九二——包蒙吉。納婦吉。子克家。象曰。子克家。剛柔接也。

絕對吉凶論卦要義

吉凶事理敘作詩——泣血漣如是孤獨。又化巽果愛相隨。幸得益卦能獲得。知行守正不迷途。

相應財情體運之吉凶悔吝論斷要義詳述

【財運】——必論凶。

【感情】——必論凶。

【身體】——有悔。

【運勢】——必論凶。

蒙之損

邵康節【演義】—此爻清清白白。無愧無作。與人自有相得之慶。若一味昏濁。人皆望望然去之矣。占者須以光明正大。為立身之根基。

必論問題關鍵

世爻資訊—四爻為靜爻丙戌《屋上土》

關鍵事件—成卦【風天小畜】初六動爻戊寅《城頭土》化丁巳《沙中土》

易林取象—忉忉怛怛。如將不活。黍稷之恩。靈輒以存。

蒙六三—勿用。取女。見金夫。不有躬。无攸利。象曰。勿用。取女。行不順也。

絕對吉凶論卦要義

吉凶事理敘作詩—混沌之蒙應稚兒。巧言是兌豈相得。終乎損卦明凶象。正大光明方是吉。

相應財情體運之吉凶悔吝論斷要義詳述

【財運】—必論凶。

【感情】—必有吝。

【身體】—必有吝。

【運勢】—必論凶。

蒙之剝

邵康節【演義】—此爻戒人須知根源。勿忘受生之道。必得金丹。乃可長生。金丹何在。在於本身攝養二字是也。占者其亦肯清心寡慾乎。

必論問題關鍵

世爻資訊—四爻為靜爻丙戌《屋上土》

關鍵事件—成卦【風山漸】九二動爻戊辰《大林木》化乙巳《覆燈火》

易林取象—履位乘勢。靡有絕斃。皆為隸圉。與眾庶伍。

蒙六四—困蒙。吝。象曰。困蒙之吝。獨遠實也。

絕對吉凶論卦要義

吉凶事理敘作詩—子克家來為蒙主。一陽化退迷又生。自得剝象無結果。寡欲清心見其身。

相應財情體運之吉凶悔吝論斷要義詳述

【財運】—必論凶。

【感情】—必有悔。

【身體】—必有悔。

【運勢】—必論凶。

蒙之蠱

邵康節【演義】—此爻甫經得意。遽爾墜落。由驕盈故也。若持盈保泰必不然矣。占者宜以是語作當頭一棒。

必論問題關鍵

世爻資訊—四爻為靜爻丙戌《屋上土》

關鍵事件—成卦【澤風大過】六三動爻戊午《天上火》化辛酉《石榴木》

易林取象—逐狐東山。水遏我前。深不可涉。失利後便。

蒙六五—童蒙。吉。象曰。童蒙之吉。順以巽也。

絕對吉凶論卦要義

吉凶事理敘作詩—亟心逐利名相得。此因化巽多清明。然成蠱象多慢疑。聽人一語劃分明。

相應財情體運之吉凶悔吝論斷要義詳述

【財運】—有吝。

【感情】—必有吝。

【身體】—必有吝。

【運勢】—論凶。

蒙之未濟

邵康節【演義】—此爻多經歷練。方見盤根錯節。不受雨風摧殘。幹老葉凋。閱世深沉也。占者得之。的是患難中人矣。

必論問題關鍵

世爻資訊—四爻為變爻丙戌《屋上土》

關鍵事件—成卦【澤山咸】六四動爻丙戌《屋上土》化己酉《大驛土》

易林取象—山林麓藪。非人所往。鳥獸無禮。使我心苦。

蒙上九—擊蒙。不利為寇。利禦寇。象曰。利用禦寇。上下順也。

絕對吉凶論卦要義

吉凶事理敘作詩—困蒙之道在無實。其象見艮化出離。未濟無方現窮途。具信無疑必自得。

相應財情體運之吉凶悔吝論斷要義詳述

【財運】—必有悔。

【感情】—必有悔。

【身體】—必有吝。

【運勢】—有悔。

蒙之渙

邵康節【演義】—此爻時機既至。便當拔劍起舞。出而建功立業。老馬伏櫪正是不必。占者貴能乘時。

必論問題關鍵

世爻資訊—四爻為靜爻丙戌《屋上土》

關鍵事件—成卦【風水渙】六五動爻丙子《澗下水》化辛巳《白臘金》

易林取象—震慄恐懼。多所畏惡。行道留難。不可以步。

需初九—需于郊。利用恆。无咎。象曰。需于郊。不犯難行也。利用恆无咎。未失常也。

絕對吉凶論卦要義

吉凶事理敘作詩—吉應童蒙志須得。仁風巽果情相隨。得渙出離不迷蒙。因緣有成必應時。

相應財情體運之吉凶悔吝論斷要義詳述

【財運】—有悔。

【感情】—論悔。

【身體】—可論吉。

【運勢】—可論吉。

蒙之師

邵康節【演義】——此爻事業不貴多而貴精。專精一業。便可謀生。且神清氣爽。心閒身安。徒兼營並騖者。可以此為鑑。

必論問題關鍵

世爻資訊——四爻為靜爻丙戌《屋上土》

關鍵事件——成卦【澤天夬】上九動爻丙寅《爐中火》化癸酉《劍鋒金》

易林取象——小狐渡水。污濡其尾。利得無幾。與道合契。

絕對吉凶論卦要義

需九二——需于沙。小有言。終吉。象曰。需于沙。衍在中也。雖小有言。以吉終也。

吉凶事理敘作詩——擊蒙禦寇須得專。其象化坤現迷方。終卦為師尚丈人。致心立志得長安。

相應財情體運之吉凶悔吝論斷要義詳述

【財運】——論凶。

【感情】——有悔。

【身體】——必有吝。

【運勢】——有凶。

需之井

邵康節【演義】—此爻火起欄杆。殃及孽畜。看似不妨。然苟非預防得力。勢必延及全宅。焚及家口。占者務謹小慎微。勿使禍之所至。滋蔓難圖。則庶乎其可矣。

必論問題關鍵

世爻資訊—四爻為靜爻戊申《大驛土》

關鍵事件—成卦【風澤中孚】初九動爻甲子《海中金》化辛丑《壁上土》

易林取象—珪璧琮璋。執贄見王。百里甯戚。應聘齊秦。

絕對吉凶論卦要義

需九三—需于泥。致寇至。象曰。需于泥。災在外也。自我致寇。敬愼不敗也。

吉凶事理敘作詩—乾進險中需明象。此心成巽渾蒙中。變化井象或言亨。謹小慎微抑火身。

相應財情體運之吉凶悔吝論斷要義詳述

【財運】—論凶。

【感情】—可論吉。

【身體】—有吝。

【運勢】—論凶。

需之既濟

邵康節【演義】──此爻合家安泰。名利雙收。好事成喜。求謀有緣。出行大吉。婚姻必成。占此者安然享受。不費猜疑。

必論問題關鍵

世爻資訊──四爻為靜爻戊申《大驛土》

關鍵事件──成卦【風水渙】九二動爻甲寅《大溪水》化己丑《霹靂火》

易林取象──遊居石門。祿安身全。受福西鄰。歸飲玉泉。

需六四──需于血。出自穴。象曰。需于血。順以聽也。

絕對吉凶論卦要義

吉凶事理敘作詩──需道有為在應時。此心化離現光明。終成既濟因緣足。謀事大吉皆太平。

相應財情體運之吉凶悔吝論斷要義詳述

【財運】──論吉。

【感情】──可論吉。

【身體】──有悔。

【運勢】──論吉。

需之節

邵康節【演義】—此爻福壽富貴。一齊俱來。人人爭羨。家家信服。乃三陽開泰之象也。
占之上上大吉。

必論問題關鍵

世爻資訊—四爻為靜爻戊申《大驛土》

關鍵事件—成卦【巽為風】九三動爻甲辰《覆燈火》化丁丑《澗下水》

易林取象—鳥鳴既端。一呼三顛。動搖東西。危慄不安。疾病無患。

需九五—需于酒食。貞吉。象曰。酒食貞吉。以中正也。

絕對吉凶論卦要義

吉凶事理敘作詩—亟心入險必致寇。兌象能巽迎春風。節道有止是亨象。三陽開泰皆上吉。

相應財情體運之吉凶悔吝論斷要義詳述

【財運】—有悔。

【感情】—論吉。

【身體】—必論吉。

【運勢】—可論吉。

需之夬

邵康節【演義】—此爻主大難將至。劫數難逃。東南北三方。均無安身之所。惟西土平靜。前去尚可有為。惜不免永客異鄉耳。占此者須急速料量。勿延勿遲。

必論問題關鍵

世爻資訊—四爻為變爻戊申《大驛土》

關鍵事件—成卦【澤山咸】六四動爻戊申《大驛土》化丁亥《屋上土》

易林取象—北辰紫宮。衣冠立中。含和建德。常受天福。

需上六—入于穴。有不速之客三人來。敬之。終吉。象曰。不速之客來。敬之終吉。雖不當位。未大失也。

絕對吉凶論卦要義

吉凶事理敘作詩—居險求安是逢劫。其象化兑真毀折。懼驚成夬有厲象。萬事速決無須執。

相應財情體運之吉凶悔吝論斷要義詳述

【財運】—必論凶。

【感情】—有凶。

【身體】—有凶。

【運勢】—必論凶。

需之泰

邵康節【演義】—此爻主死生有命。富貴在天。事到臨頭。懸崖撒手。豈不直截了當。此即死裏求生法也。占者得此。大可以養其浩然之氣。

必論問題關鍵

世爻資訊—四爻為靜爻戊申《大驛土》

關鍵事件—成卦【澤風大過】九五動爻戊戌《平地木》化癸亥《大海水》

易林取象—楚靈暴虐。罷極民力。禍起乾溪。棄疾作毒。扶杖奔迸。身死亥室。

訟初六—不永所事。小有言。終吉。象曰。不永所事。訟不可長也。雖小有言。其辯明也。

絕對吉凶論卦要義

吉凶事理敘作詩—需道有為尚酒食。坎險化坤最是迷。復得泰卦恆常事。定心自覺尋出路。

相應財情體運之吉凶悔吝論斷要義詳述

【財運】—有悔。

【感情】—有悔。

【身體】—有悔。

【運勢】—有悔。

需之小畜

邵康節【演義】—此爻主祖宗積德之盛。故此時隆隆日上。方興未艾。正如火性炎上。萬無就下之理。末句有與人無忤。與世無驚之象。占者必定順適。

必論問題關鍵

世爻資訊—四爻為靜爻戊申《大驛土》

關鍵事件—成卦【水澤節】上六動爻戊子《霹靂火》化辛卯《松柏木》

易林取象—紝績獨居。寡處無夫。陰陽失忘。為人僕使。

訟九二—不克訟。歸而逋。其邑人三百戶。无眚。象曰。不克訟。歸逋竄也。自下訟上。患至掇也。

絕對吉凶論卦要義

吉凶事理敘作詩—入穴之需不速客。巽象和風貴人來。小畜能亨祖盛德。旭日當空自從容。

相應財情體運之吉凶悔吝論斷要義詳述

【財運】—論吉。

【感情】—可論吉。

【身體】—必有悔。

【運勢】—論吉。

訟之履

邵康節【演義】—此爻謀為始雖不免阻滯。久後還得順利。只須當機立斷。切莫因循自誤。致老大徒傷悲也。

必論問題關鍵

世爻資訊—四爻為靜爻壬午《楊柳木》

關鍵事件—成卦【風天小畜】初六動爻戊寅《城頭土》化丁巳《沙中土》

易林取象—樹植藿豆。不得芸鋤。王事靡盬。秋無所收。

訟六三—食舊德貞。厲終吉。或從王事。无成。象曰。食舊德。從上吉也。

絕對吉凶論卦要義

吉凶事理敘作詩—險健成訟主行違。此心兑悦愛相隨。終成履卦明有孚。行道謀為在立決。

相應財情體運之吉凶悔吝論斷要義詳述

【財運】—有悔。

【感情】—可論吉。

【身體】—論悔。

【運勢】—論悔。

訟之否

邵康節【演義】—順利之來無永久。橫逆之加難倖免。天在上為吉。水在下為凶。占此者當逆來順受。屈以求伸。目下黑暗。久後亦得回光返照。如落日映霞也。

必論問題關鍵

世爻資訊—四爻為靜爻壬午《楊柳木》

關鍵事件—成卦【風山漸】九二動爻戊辰《大林木》化乙巳《覆燈火》

易林取象—數窮廓落。困於歷室。卒登玉堂。與堯侑食。

訟九四—不克訟。復即命。渝安貞吉。象曰。復即命。渝安貞。不失也。

絕對吉凶論卦要義

吉凶事理敘作詩—求不得言訟不克。此心化坤自無為。終成否卦多難事。寬心隨緣待天時。

相應財情體運之吉凶悔吝論斷要義詳述

【財運】—必論凶。

【感情】—有凶。

【身體】—必論凶。

【運勢】—必論凶。

訟之姤

邵康節【演義】—苦未盡。甘已來。風平浪靜。直上青雲路。占此爻者。諸事利吉。不用憂慮。

必論問題關鍵

世爻資訊—四爻為靜爻壬午《楊柳木》

關鍵事件—成卦【澤風大過】六三動爻戊午《天上火》化辛酉《石榴木》

易林取象—麟鳳所遊。安樂無憂。君子撫民。世代千秋。

訟九五—訟元吉。象曰。訟元吉。以中正也。

絕對吉凶論卦要義

吉凶事理敘作詩—問訟能安食舊德。此心化巽是和風。生得姤卦能相應。明達青雲是利吉。

相應財情體運之吉凶悔吝論斷要義詳述

【財運】—論吉。

【感情】—論吉。

【身體】—可論吉。

【運勢】—有悔。

訟之渙

邵康節【演義】—暫時偃蹇。終得大伸。宛如枯木逢春。又如山行忽得康莊。示人以偶然落魄。但居仁由義。不患人之不知也。

必論問題關鍵

世爻資訊—四爻為變爻壬午《楊柳木》

關鍵事件—成卦【山風蠱】九四動爻壬午《楊柳木》化辛未《路旁土》

易林取象—機杼紛擾。女功不成。長妹許嫁。衣無襦袴。聞禍不成。凶惡消去。

訟上九—或錫之鞶帶。終朝三褫之。象曰。以訟受服。亦不足敬也。

絕對吉凶論卦要義

吉凶事理敘作詩—方命有失言不克。亟心化巽終離分。渙卦本散閒事盡。居仁由義是逢春。

相應財情體運之吉凶悔吝論斷要義詳述

【財運】—論悔。

【感情】—有悔。

【身體】—論悔。

【運勢】—論悔。

訟之未濟

邵康節【演義】—此爻諸事遲滯。賴有定識定力。涉險濟深。使得誕登彼岸。見凡事謀為。在終有志。非可坐致也。其義微矣遠矣。

必論問題關鍵

世爻資訊—四爻為靜爻壬午《楊柳木》

關鍵事件—成卦【山澤損】九五動爻壬申《劍鋒金》化己未《天上火》

易林取象—避患東西。反入禍門。糟糠不足。憂愁我心。

師初六—師出以律。否臧凶。象曰。師出以律。失律凶也。

絕對吉凶論卦要義

吉凶事理敘作詩—元吉本義聽訟時。乾象化離起戈兵。爭戰未濟無成果。定心向志成功時。

相應財情體運之吉凶悔吝論斷要義詳述

【財運】—有吝。

【感情】—論悔。

【身體】—有吝。

【運勢】—論凶。

訟之困

邵康節【演義】—春為萬物更新之始。人得春氣。自有發旺景象。曰無限好。言勵志貴乘時也。曰宴瓊林。言結果必佳美也。占之者亟宜奮勉。

必論問題關鍵

世爻資訊—四爻為靜爻壬午《楊柳木》

關鍵事件—成卦【艮為山】上九動爻壬戌《大海水》化丁未《天河水》

易林取象—絆跳不遠。心與言反。尼父望家。菡萏未華。

師九二—在師中。吉无咎。王三錫命。象曰。在師中吉。承天寵也。王三錫命。懷萬邦也。

絕對吉凶論卦要義

吉凶事理敘作詩—居訟之終師道成。化兌有言心相應。尋幸知困惟自招。應時勵志富有得。

相應財情體運之吉凶悔吝論斷要義詳述

【財運】—論吉。

【感情】—有悔。

【身體】—必有吝。

【運勢】—論吉。

師之臨

邵康節【演義】—此爻他鄉孤客。迍邅無聊。求謀不濟。或尚須破財惹禍。不如十分忍耐。善自排遣之為愈也。

必論問題關鍵

世爻資訊—三爻為靜爻戊午《天上火》

關鍵事件—成卦【澤山咸】初六動爻戊寅《城頭土》化丁巳《沙中土》

易林取象—玄黃虺隤。行者勞罷。役夫憔悴。踰時不歸。

師六三—師或輿尸。凶。象曰。師或輿尸。大无功也。

絕對吉凶論卦要義

吉凶事理敘作詩—丈人有能盡師道。兑以貪求大無功。臨卦有凶象八月。十分堅守無耗災。

相應財情體運之吉凶悔吝論斷要義詳述

【財運】—論悔。

【感情】—有悔。

【身體】—有吝。

【運勢】—可論吝。

師之坤

邵康節【演義】—此爻禍去福來舟推順水。一帆風送。直到暮年。其樂未央。更何嗟歎之有。占者主老來得志。

必論問題關鍵

世爻資訊—三爻為靜爻戊午《天上火》

關鍵事件—成卦【澤水困】九二動爻戊辰《大林木》化乙巳《覆燈火》

易林取象—春桃生花。季女宜家。受福且多。在師中吉。男為封君。

師六四—師左次。无咎。象曰。左次无咎。未失常也。

絕對吉凶論卦要義

吉凶事理敘作詩—居中得主稱正師。坎體化坤相契時。前程得坤隨廣邑。老來乘志心自如。

相應財情體運之吉凶悔吝論斷要義詳述

【財運】—可論吉。

【感情】—論悔。

【身體】—論吉。

【運勢】—論吉。

師之升

邵康節【演義】—此爻進一步好一步。到一處勝一處。行行復行行。切勿稍駐足。占之者喜可知矣。

必論問題關鍵

世爻資訊—三爻為變爻戊午《天上火》

關鍵事件—成卦【天澤履】六三動爻戊午《天上火》化辛酉《石榴木》

易林取象—耳目盲聾。所言不通。佇立以泣。事無成功。

師六五—田有禽。利執言。无咎。長子帥師。弟子輿尸。貞凶。象曰。長子帥師。以中行也。

弟子輿尸。使不當也。

絕對吉凶論卦要義

吉凶事理敘作詩—陰才陽志主輿尸。坎疑化巽終分明。必得升象步步新。快馬乘風諸事足。

相應財情體運之吉凶悔吝論斷要義詳述

【財運】—論吉。

【感情】—論吉。

【身體】—論悔。

【運勢】—論吉。

師之解

邵康節【演義】—此爻乘時而起。既易且速。他日成就。正未可量。占之上上大吉。

必論問題關鍵

世爻資訊—三爻為靜爻戊午《天上火》

關鍵事件—成卦【澤水困】六四動爻癸丑《桑拓木》化庚午《路旁土》

易林取象—三德五才。和合四時。陰陽順序。國無咎災。

師上六—大君有命。開國承家。小人勿用。象曰。大君有命。以正功也。小人勿用。必亂邦也。

絕對吉凶論卦要義

吉凶事理敘作詩—進退有常事相宜。龍象化震萬事興。解得西南坤順德。乘勢飛騰上上吉。

相應財情體運之吉凶悔吝論斷要義詳述

【財運】—必論吉。

【感情】—必有悔。

【身體】—可論吉。

【運勢】—論吉。

師之坎

邵康節【演義】—此爻邪不勝正。全在協力同心以抵禦之。奸邪雖多。何足為患。可以人而不如獸乎。

必論問題關鍵

世爻資訊—三爻為靜爻戊午《天上火》

關鍵事件—成卦【水風井】六五動爻癸亥《大海水》化戊戌《平地木》

易林取象—國亂不安。兵革為患。掠我妻子。家中飢寒。

比初六—有孚。比之无咎。有孚盈缶。終來有它吉。象曰。比之初六。有它吉也。

絕對吉凶論卦要義

吉凶事理敘作詩—田有禽必損資糧。坎道由坤多主迷。終成坎坎須得智。邪不勝正理自明。

相應財情體運之吉凶悔吝論斷要義詳述

【財運】—有悔。

【感情】—必有悔。

【身體】—有凶。

【運勢】—論悔。

師之蒙

邵康節【演義】——此爻存心忠厚。天神鑒之。仙人指點。益當勤修。以求上進。占者勿忽。

必論問題關鍵

世爻資訊——三爻為靜爻戊午《天上火》

關鍵事件——成卦【山天大畜】上六動爻癸酉《劍鋒金》化丙寅《爐中火》

易林取象——折葉蔽目。不見稚叔。三足孤烏。遠其元夫。

比六二——比之自內。貞吉。象曰。比之自內。不自失也。

絕對吉凶論卦要義

吉凶事理敘作詩——天命有道自承業。艮象化成啓光明。是成蒙象雖能亨。必賴仙人指路行。

相應財情體運之吉凶悔吝論斷要義詳述

【財運】——可論吉。

【感情】——必有悔。

【身體】——論悔。

【運勢】——有悔。

比之屯

邵康節【演義】—此爻顯達不如伏處之安閒。小民以耕以食。無衣冠之束縛。宜陶淵明不肯為五斗米折腰也。占者盍亦賦歸去來解。

必論問題關鍵

世爻資訊—三爻為靜爻乙卯《大溪水》

關鍵事件—成卦【澤風大過】初六動爻乙未《沙中金》化庚子《壁上土》

易林取象—取火流泉。釣鱍山顛。魚不可得。火不肯燃。

比六三—比之匪人。象曰。比之匪人。不亦傷乎。

絕對吉凶論卦要義

吉凶事理敘作詩—吉元永貞樂親比。起心化震急相勝。致屯有難不可免。無計得失利長生。

相應財情體運之吉凶悔吝論斷要義詳述

【財運】—有吝。

【感情】—有吝。

【身體】—必有吝。

【運勢】—必有吝。

比之坎

邵康節【演義】—此爻占病不利。鬼邪為祟。至乙未年自然脫離災殃。諸事漸漸順手。金羊。乙未也。占者遇此。不必妄用醫藥。待時而已。

必論問題關鍵

世爻資訊—三爻為靜爻乙卯《大溪水》

關鍵事件—成卦【風天小畜】六二動爻乙巳《覆燈火》化戊辰《大林木》

易林取象—恒山浦壽。高邑所在。陰氣下淋。洪水不處。牢人開戶。

比六四—外比之。貞吉。象曰。外比於賢。以從上也。

絕對吉凶論卦要義

吉凶事理敘作詩—比樂之道應由己。其心入坎明道難。復得坎象須有孚。守正待時脫災殃。

相應財情體運之吉凶悔吝論斷要義詳述

【財運】—有悔。

【感情】—有吝。

【身體】—論悔。

【運勢】—有凶。

比之蹇

邵康節【演義】—此爻與坎艮卦四爻用意相同。但其始必依賴眾力。方可有成。四民占之。均有出類拔萃之慶。故能突過尋長也。

必論問題關鍵

世爻資訊—三爻為變爻乙卯《大溪水》

關鍵事件—成卦【山水蒙】六三動爻乙卯《大溪水》化丙申《山下火》

易林取象—長股喜走。趍步千里。王良嘉言。伯來在道。申見王母。

比九五—顯比。王用三驅。失前禽。邑人不誡。吉。象曰。顯比之吉。位正中也。舍逆取順。失前禽也。邑人不誡。上使中也。

絕對吉凶論卦要義

吉凶事理敘作詩—匪人有傷屬自招。坤能化艮明保身。雖得蹇象猶為解。同盟親比不平凡。

相應財情體運之吉凶悔吝論斷要義詳述

【財運】—論悔。

【感情】—有悔。

【身體】—有吝。

【運勢】—有悔。

比之萃

邵康節【演義】—此爻不出則已。一出驚人。有此威名。何戰不勝。何攻不克。占之者宜出而問世。

必論問題關鍵

世爻資訊—三爻為靜爻乙卯《大溪水》

關鍵事件—成卦【澤山咸】六四動爻戊申《大驛土》化丁亥《屋上土》

易林取象—團員白日。為月所食。損上毀下。鄭昭出走。

比上六—比之无首。凶。象曰。比之无首。无所終也。

絕對吉凶論卦要義

吉凶事理敘作詩—比賢有道貞正吉。坎既化兌諸事齊。必成萃卦思有為。一舉成名天下行。

相應財情體運之吉凶悔吝論斷要義詳述

【財運】—論凶。

【感情】—有凶。

【身體】—論悔。

【運勢】—有吝。

比之坤

邵康節【演義】—此爻作事須智勇兼備。然後退可以守。進可以戰。占之者務臨事而懼。好謀而成。

必論問題關鍵

世爻資訊—三爻為靜爻乙卯《大溪水》

關鍵事件—成卦【澤風大過】九五動爻戊戌《平地木》化癸亥《大海水》

易林取象—麟子鳳雛。生長家國。和氣所居。康樂無憂。邦多聖人。

小畜初九—復自道。何其咎。吉。象曰。復自道。其義吉也。

絕對吉凶論卦要義

吉凶事理敘作詩—王用三驅主專一。坤道廣邑知為仁。終得坤象豈為乾。德兼智勇論前程。

相應財情體運之吉凶悔吝論斷要義詳述

【財運】—必有吝。

【感情】—有吝。

【身體】—必有悔。

【運勢】—論悔。

比之觀

邵康節【演義】—此爻人棄我取。人濁我清。自甘恬澹。惱殺繁華。真世外人也。占之者必隱君子無疑。

必論問題關鍵

世爻資訊—三爻為靜爻乙卯《大溪水》

關鍵事件—成卦【水澤節】上六動爻戊子《霹靂火》化辛卯《松柏木》

易林取象—鳴鶴北飛。下就稻池。鱣鮪鰋鯉。眾多饒有。一狗獲兩。利得過倍。

小畜九二—牽復吉。象曰。牽復在中。亦不自失也。

絕對吉凶論卦要義

吉凶事理敘作詩—比之无首知無終。果如巽風諸事清。識得觀卦隨去來。繁華莫見世外仙。

相應財情體運之吉凶悔吝論斷要義詳述

【財運】—有凶。

【感情】—有凶。

【身體】—必論凶。

【運勢】—有吝。

小畜之巽

邵康節【演義】—此爻勸人及早圖謀。勿蹉跎歲月。致老大徒傷。詞句大有用意。占者不可誤解。

必論問題關鍵

世爻資訊—初爻為變爻甲子《海中金》

關鍵事件—成卦【澤天夬】初九動爻甲子《海中金》化辛丑《壁上土》

易林取象—燕雀銜茅。以生孚乳。兄弟六人。姣好孝悌。各得其願。和悅相樂。

小畜九三—輿說輻。夫妻反目。象曰。夫妻反目。不能正室也。

絕對吉凶論卦要義

吉凶事理敘作詩—小畜行止復自道。亟心化巽明和風。巽果為終有亨道。最怕蹉跎迷途中。

相應財情體運之吉凶悔吝論斷要義詳述

【財運】—有悔。

【感情】—有悔。

【身體】—有悔。

【運勢】—必有悔。

小畜之家人

邵康節【演義】—此爻平淡之中忽來絢爛。凡百喜慶。均於無意中得之。真奇遇也。然畢竟心地光明者始克有之。占者須知滿招損謙受益之義。勿忘其本來面目。

必論問題關鍵

世爻資訊—初爻為靜爻甲子《海中金》

關鍵事件—成卦【澤風大過】九二動爻甲寅《大溪水》化己丑《霹靂火》

易林取象—兩輪自轉。南上大阪。四馬共轅。無有重難。與禹笑言。鶴鳴竅穴。不離其室。

小畜六四—有孚。血去惕出。无咎。象曰。有孚惕出。上合志也。

絕對吉凶論卦要義

吉凶事理敘作詩—牽復有吉歸本來。此因化離現光明。家人有道諸事興。意外得喜尚用謙。

相應財情體運之吉凶悔吝論斷要義詳述

【財運】—論吉。

【感情】—可論吉。

【身體】—可論吉。

【運勢】—論吉。

小畜之中孚

邵康節【演義】—此爻主流離失所。徬徨無依。如喪家之犬。若涸轍之鮒。心亂如麻。情也亦勢也。占者務實行忍之一字。餘無他法。

必論問題關鍵

世爻資訊—初爻為靜爻甲子《海中金》

關鍵事件—成卦【兑為澤】九三動爻甲辰《覆燈火》化丁丑《澗下水》

易林取象—魃為燔虐。風吹雲却。欲上不得。反歸其宅。

小畜九五—有孚攣如。富以其鄰。象曰。有孚攣如。不獨富也。

絕對吉凶論卦要義

吉凶事理敘作詩—諸事不利輿說輻。亟心化兑志貪求。中孚有信利居貞。寬心能忍渡難關。

相應財情體運之吉凶悔吝論斷要義詳述

【財運】—有凶。

【感情】—必論凶。

【身體】—有悔。

【運勢】—論凶。

小畜之乾

邵康節【演義】—此爻謀望有成。欣然色喜。名利所在。無不遂意。一如木得春氣。有發生長養之機。占之者吉。

必論問題關鍵

世爻資訊—初爻為靜爻甲子《海中金》

關鍵事件—成卦【山澤損】六四動爻辛未《路旁土》化壬午《楊柳木》

易林取象—東遇虎地。牛馬奔驚。道絕不通。南困無功。

小畜上九—既雨既處。尚德載。婦貞厲。月幾望。君子征凶。象曰。既雨既處。德積載也。君子征凶。有所疑也。

絕對吉凶論卦要義

吉凶事理敘作詩—有孚于天因緣足。巽既化乾終能為。再復乾道志欣欣。謀望有得事逢春。

相應財情體運之吉凶悔吝論斷要義詳述

【財運】—必論吉。

【感情】—必論吉。

【身體】—有吝。

【運勢】—必論吉。

小畜之大畜

邵康節【演義】—此爻主正不勝邪。寡不敵眾。家有賢婦。亦難措置裕如。此潛居隱處時也。占者須防口舌。遠奸佞。效晉之陶靖節。避地避人為佳。

必論問題關鍵

世爻資訊—初爻為靜爻甲子《海中金》

關鍵事件—成卦【天山遯】九五動爻辛巳《白臘金》化丙子《澗下水》

易林取象—辰次降婁。王駕巡時。廣佑施惠。安國無憂。

履初九—素履往。无咎。象曰。素履之往。獨行願也。

絕對吉凶論卦要義

吉凶事理敘作詩—實誠之道居小畜。巽象化艮諸事盡。大畜為終須應時。良人問吉同靖節。

相應財情體運之吉凶悔吝論斷要義詳述

【財運】—論凶。

【感情】—論凶。

【身體】—有悔。

【運勢】—必論凶。

小畜之需

邵康節【演義】—此爻主存心好者到處吉利。喜氣來時。自不覺歲月之長。此亦功成圓滿。方能得茲善果也。占者當臨深履薄。善保其終焉。

必論問題關鍵

世爻資訊—初爻為靜爻甲子《海中金》

關鍵事件—成卦【天風姤】上九動爻辛卯《松柏木》化戊子《霹靂火》

易林取象—故室舊廬。稍弊且徐。不如新巢。可治樂居。

履九二—履道坦坦。幽人貞吉。象曰。幽人貞吉。中不自亂也。

絕對吉凶論卦要義

吉凶事理敘作詩—小畜既成德積載。巽化坎象陰陽和。需道有孚必光亨。始終乾乾事能圓。

相應財情體運之吉凶悔吝論斷要義詳述

【財運】—論吉。

【感情】—可論吉。

【身體】—論吉。

【運勢】—論吉。

履之訟

邵康節【演義】—人情險戲。世態炎涼。然能拿定方針。隨機應變。亦識時務之俊傑也。占得此爻。當可无咎。

必論問題關鍵

世爻資訊—五爻為靜爻壬申《劍鋒金》

關鍵事件—成卦【水天需】初九動爻丁巳《沙中土》化戊寅《城頭土》

易林取象—遊客石門。祿身安全。受福西隣。歸飲玉泉。

履六三—眇能視。跛能履。履虎尾。咥人凶。武人為于大君。象曰。眇能視。不足以有明也。跛能履。不足以與行也。咥人之凶。位不當也。武人為于大君。志剛也。

絕對吉凶論卦要義

吉凶事理敘作詩—憂患是履質為本。其心入坎多誤疑。自成訟卦須有孚。惟行易道真俊傑。

相應財情體運之吉凶悔吝論斷要義詳述

【財運】—必有悔。

【感情】—必有悔。

【身體】—論凶。

【運勢】—論悔。

履之无妄

邵康節【演義】—絳老辱在泥塗。意在靜觀時機。一旦運至。自然亨通。占此爻者。一切謀望。須待菊花大放之際。

必論問題關鍵

世爻資訊—五爻為靜爻壬申《劍鋒金》

關鍵事件—成卦【坎為水】九二動爻丁卯《爐中火》化庚寅《松柏木》

易林取象—雎鳩淑女。賢聖配偶。宜家壽福。吉慶長久。

履九四—履虎尾。愬愬終吉。象曰。愬愬終吉。志行也。

絕對吉凶論卦要義

吉凶事理敘作詩—履道坦坦利幽人。龍象是震化乾坤。識得无妄須應期。時序當秋好聲名。

相應財情體運之吉凶悔吝論斷要義詳述

【財運】—必論吉。

【感情】—必有悔。

【身體】—有凶。

【運勢】—必論吉。

履之乾

邵康節【演義】—有人提拔。事事遂心。竟出意料之外。然非積德修持。無此希望也。

君子占之吉。小人占之凶。

必論問題關鍵

世爻資訊—五爻為靜爻壬申《劍鋒金》

關鍵事件—成卦【巽為風】六三動爻丁丑《澗下水》化甲辰《覆燈火》

易林取象—東嚮藩垣。相與笑言。子般執鞭。圉人作患。

履九五—夬履。貞厲。象曰。夬履貞厲。位正當也。

絕對吉凶論卦要義

吉凶事理敘作詩—陰才為主逞剛強。自心化乾諸事行。終得乾卦有成象。積德修福必為吉。

相應財情體運之吉凶悔吝論斷要義詳述

【財運】—可論吉。

【感情】—論悔。

【身體】—有悔。

【運勢】—論吉。

履之中孚

邵康節【演義】——功名富貴。勤苦方得。人事既盡。皇天必不負之。若懶惰性成。或始勤終息。欲望飛騰。正無異南轅北轍矣。

必論問題關鍵

世爻資訊——五爻為靜爻壬申《劍鋒金》

關鍵事件——成卦【風天小畜】九四動爻壬午《楊柳木》化辛未《路旁土》

易林取象——大頭目明。載受嘉福。三雀飛來。與祿相得。

履上九——視履考祥。其旋元吉。象曰。元吉在上。大有慶也。

絕對吉凶論卦要義

吉凶事理敘作詩——陽才知愬方有吉。外象化巽無其果。中孚有信善始終。乾如其道方應時。

相應財情體運之吉凶悔吝論斷要義詳述

【財運】——論凶。

【感情】——論凶。

【身體】——有吝。

【運勢】——必論凶。

履之睽

邵康節【演義】—此爻主有喪亡之患。哭泣之哀。凡事不利。有名無實。且有非常之災。占之者須戒謹恐懼。時時修省以解禳之。

必論問題關鍵

世爻資訊—五爻為變爻壬申《劍鋒金》

關鍵事件—成卦【風山漸】九五動爻壬申《劍鋒金》化己未《天上火》

易林取象—雀行求食。暮歸屋宿。反其室舍。安寧無故。

泰初九—拔茅茹以其彙。征吉。象曰。拔茅征吉。志在外也。

絕對吉凶論卦要義

吉凶事理敘作詩—夬履急行勿為執。化離有厲敬慎時。睽主無道儘獨行。諸事不利通喪門。

相應財情體運之吉凶悔吝論斷要義詳述

【財運】—必論凶。

【感情】—有凶。

【身體】—有凶。

【運勢】—論凶。

履之兌

邵康節【演義】—此爻不宜妄想。祇可謹守避禍。以免惹是招非。否則動輒得咎。悔之晚矣。

必論問題關鍵

世爻資訊—五爻為靜爻壬申《劍鋒金》

關鍵事件—成卦【巽為風】上九動爻壬戌《大海水》化丁未《天河水》

易林取象—玄鬣黑顙。東歸高鄉。朱鳥道引。靈龜載莊。遂抵天門。見我貞君。

泰九二—包荒。用馮河。不遐遺。朋亡。得尚于中行。象曰。包荒得尚于中行。以光大也。

絕對吉凶論卦要義

吉凶事理敘作詩—規矩行步為視履。兌象成果宜為悔。復成兌象如虎口。修身勿妄免招災。

相應財情體運之吉凶悔吝論斷要義詳述

【財運】—論凶。

【感情】—有凶。

【身體】—有悔。

【運勢】—論凶。

泰之升

邵康節【演義】—此爻勞心不如勞力。勞心多愁思。勞力多好夢。占之者需熟讀流水不腐。戶樞不蠹二語。

必論問題關鍵

世爻資訊—三爻為靜爻甲辰《覆燈火》

關鍵事件—成卦【風澤中孚】初九動爻甲子《海中金》化辛丑《壁上土》

易林取象—日中為市。各抱所有。交易資貨。貪珠懷寶。心悅歡喜。

泰九三—无平不陂。无往不復。艱貞无咎。勿恤其孚。于食有福。象曰。无往不復。天地際也。

絕對吉凶論卦要義

吉凶事理敘作詩—明通征吉正為泰。此心化巽多躊躇。必往升道主順德。持恆無疑自長安。

相應財情體運之吉凶悔吝論斷要義詳述

【財運】—必論凶。

【感情】—有凶。

【身體】—必有吝。

【運勢】—可論吝。

泰之明夷

邵康節【演義】—此爻時至運來。有福同享。喝采暢飲。樂之至也。占之上吉。

必論問題關鍵

世爻資訊—三爻為靜爻甲辰《覆燈火》

關鍵事件—成卦【風水渙】九二動爻甲寅《大溪水》化己丑《霹靂火》

易林取象—求兔得獐。過其所望。歡以相迎。高位夷傷。

泰六四—翩翩。不富以其鄰。不戒以孚。象曰。翩翩不富。皆失實也。不戒以孚。中心願也。

絕對吉凶論卦要義

吉凶事理敘作詩—居中能治大吉亨。離能通明萬事興。是得明夷知有定。與眾同慶心事清。

相應財情體運之吉凶悔吝論斷要義詳述

【財運】—可論吉。

【感情】—可論吉。

【身體】—可論吉。

【運勢】—論吉。

泰之臨

邵康節【演義】——此爻主奉身儉約。心寬身寬。揮霍奢侈。神為之亂。占者以安貧為貴。

必論問題關鍵

世爻資訊——三爻為變爻甲辰《覆燈火》

關鍵事件——成卦【巽為風】九三動爻甲辰《覆燈火》化丁丑《澗下水》

易林取象——舉被覆目。不見日月。衣裘簟床。就長夜室。

泰六五——帝乙歸妹。以祉元吉。象曰。以祉元吉。中以行願也。

絕對吉凶論卦要義

吉凶事理敘作詩——來復之道本自然。亟心化兑多貪求。終得臨卦尋禍來。寬心儉約暢胸懷。

相應財情體運之吉凶悔吝論斷要義詳述

【財運】——論凶。

【感情】——論凶。

【身體】——論凶。

【運勢】——必論凶。

泰之大壯

邵康節【演義】——此爻能勤苦在先。自得安樂於後。占之者遇事須著著爭先。勿步步落後。庶不負平生矣。

必論問題關鍵

世爻資訊——三爻為靜爻甲辰《覆燈火》

關鍵事件——成卦【天風姤】六四動爻癸丑《桑拓木》化庚午《路旁土》

易林取象——水流趨下。遠至東海。求我所有。買鮪與鯉。

泰上六——城復于隍。勿用師。自邑告命。貞吝。象曰。城復于隍。其命亂也。

絕對吉凶論卦要義

吉凶事理敘作詩——志願相符形翩翩。化震有能承天變。大壯似龍直須貞。勿負平生必乾乾。

相應財情體運之吉凶悔吝論斷要義詳述

【財運】——有悔。

【感情】——有悔。

【身體】——必有悔。

【運勢】——有悔。

泰之需

邵康節【演義】—此爻潛修之功。全在一己。嶄然頭角。時來自見。占之者須以真積力久自顯。

必論問題關鍵

世爻資訊—三爻為靜爻甲辰《覆燈火》

關鍵事件—成卦【風澤中孚】六五動爻癸亥《大海水》化戊戌《平地木》

易林取象—四足無角。君子所服。南征述職。與福相得。

否初六—拔茅茹以其彙。貞吉亨。象曰。拔茅貞吉。志在君也。

絕對吉凶論卦要義

吉凶事理敘作詩—可稱元吉中行願。坤化坎象總多疑。既得需卦直待時。積久自悟見全功。

相應財情體運之吉凶悔吝論斷要義詳述

【財運】—論悔。

【感情】—有悔。

【身體】—有凶。

【運勢】—論悔。

泰之大畜

邵康節【演義】—此爻居高臨上。大事可成。有益無咎。無不中穀。占之者定有前程。

必論問題關鍵

世爻資訊—三爻為靜爻甲辰《覆燈火》

關鍵事件—成卦【水山蹇】上六動爻癸酉《劍鋒金》化丙寅《爐中火》

易林取象—生長以時。長育根本。陰陽和德。歲樂無憂。

否六二—包承。小人吉。大人否亨。象曰。大人否亨。不亂羣也。

絕對吉凶論卦要義

吉凶事理敘作詩—泰之有終未成否。此果見艮又光明。大畜應時言吉亨。乾行其道利前程。

相應財情體運之吉凶悔吝論斷要義詳述

【財運】—可論吉。

【感情】—可論吉。

【身體】—必論吉。

【運勢】—可論吝。

否之无妄

邵康節【演義】—此爻主見機而作。不俟終日。古來明哲保身。決不專走死路。懸崖勒馬。別作他圖。貴獨具隻眼耳。

必論問題關鍵

世爻資訊—三爻為靜爻乙卯《大溪水》

關鍵事件—成卦【山天大畜】初六動爻乙未《沙中金》化庚子《壁上土》

易林取象—陰冥老極。陽建其德。履離載光。天下昭明。功業不長。蝦蟆代王。

否六三—包羞。象曰。包羞。位不當也。

絕對吉凶論卦要義

吉凶事理敘作詩—否道之行曰固貞。震象強為不保身。无妄具象主真誠。無執能亨悟求真。

相應財情體運之吉凶悔吝論斷要義詳述

【財運】—必論凶。

【感情】—論凶。

【身體】—論凶。

【運勢】—必論凶。

否之訟

邵康節【演義】——此爻主禍福無門。惟人自召。放下屠刀。立地成佛。苦心修煉。必不自落凡庸。占此者當知榮辱之機。己實操之。不必怨天尤人也。

必論問題關鍵

世爻資訊——三爻為靜爻乙卯《大溪水》

關鍵事件——成卦【天水訟】六二動爻乙巳《覆燈火》化戊辰《大林木》

易林取象——珪璧琮璋。執贄見王。百里寗越。應聘齊秦。

否九四——有命无咎。疇離祉。象曰。有命无咎。志行也。

絕對吉凶論卦要義

吉凶事理敘作詩——居中得正應包承。坤既化坎必維心。終究成訟須有孚。禍福無門總自招。

相應財情體運之吉凶悔吝論斷要義詳述

【財運】——有吝。

【感情】——必有吝。

【身體】——必論凶。

【運勢】——必論凶。

否之遯

邵康節【演義】——此爻一切所為。概須脚踏實地。不必行險僥倖。自有安身立命之所。

必論問題關鍵

世爻資訊——三爻為變爻乙卯《大溪水》

關鍵事件——成卦【風澤中孚】六三動爻乙卯《大溪水》化丙申《山下火》

易林取象——失恃毋友。嘉偶出走。獲如失兔。傫如虐狗。

否九五——休否。大人吉。其亡其亡。繫于苞桑。象曰。大人之吉。位正當也。

絕對吉凶論卦要義

吉凶事理敘作詩——才柔志剛為包羞。此心有止方為實。遯象是終明小利。踏實能緩最安身。

相應財情體運之吉凶悔吝論斷要義詳述

【財運】——有凶。

【感情】——有凶。

【身體】——有凶。

【運勢】——可論吝。

否之觀

邵康節【演義】—此爻言人生一飲一啄。莫非前定。要為兒孫作馬牛。遠不如及早廣種福田。尚可貽澤後世。占此者可以悟矣。

必論問題關鍵

世爻資訊—三爻為靜爻乙卯《大溪水》

關鍵事件—成卦【天水訟】九四動爻壬午《楊柳木》化辛未《路旁土》

易林取象—天之奧隅。堯舜所居。可以存身。保我邦家。

否上九—傾否。先否後喜。象曰。否終則傾。何可長也。

絕對吉凶論卦要義

吉凶事理敘作詩—有命无咎須明道。巽果無常豈相符。觀得自在必由悟。無求善行是福田。

相應財情體運之吉凶悔吝論斷要義詳述

【財運】—有吝。

【感情】—必有吝。

【身體】—可論吉。

【運勢】—必有悔。

否之晉

邵康節【演義】—此爻主真為美德。人雖不知。而神則知之。故一念真誠。鬼神可格。金石為開。占此爻者。務當屏斥虛偽。力求真實。勿欺人以自欺也。

必論問題關鍵

世爻資訊—三爻為靜爻乙卯《大溪水》

關鍵事件—成卦【天風姤】九五動爻壬申《劍鋒金》化己未《天上火》

易林取象—雙鳧俱飛。欲歸稻池。徑涉萑澤。為矢所射。傷我胸臆。

同人初九—同人于門。无咎。象曰。出門同人。又誰咎也。

絕對吉凶論卦要義

吉凶事理敘作詩—休否之道在于真。乾化離中虛無實。縱得晉象擬光明。至誠至善方得福。

相應財情體運之吉凶悔吝論斷要義詳述

【財運】—論凶。

【感情】—必論凶。

【身體】—必論凶。

【運勢】—必論凶。

否之萃

邵康節【演義】—此爻主舍近求遠。一事無成。徒自勞苦。蓋時運不齊。強求無益也。占此者。須明心見性。儘可安貧樂道。毋庸逆天而行。

必論問題關鍵

世爻資訊—三爻為靜爻乙卯《大溪水》

關鍵事件—成卦【乾為天】上九動爻壬戌《大海水》化丁未《天河水》

易林取象—破筐敝筥。弃捐於道。壞落穿敗。不復為寶。

同人六二—同人于宗。吝。象曰。同人于宗。吝道也。

絕對吉凶論卦要義

吉凶事理敘作詩—否終將傾該為喜。乾行化兑又成悔。萃象無端多愁思。聞言能信善養真。

相應財情體運之吉凶悔吝論斷要義詳述

【財運】—有凶。

【感情】—有吝。

【身體】—有悔。

【運勢】—論凶。

同人之遯

邵康節【演義】—此爻謀為有成。凡事有緣。求妻者。得佳婦。求事者。得佳事。談笑中立可成功。所謂吉人天相也。三五月。期之近者也。

必論問題關鍵

世爻資訊—三爻為靜爻己亥《平地木》

關鍵事件—成卦【山天大畜】初九動爻己卯《城頭土》化丙辰《沙中土》

易林取象—安和泰山。福祿屢臻。雖有豺虎。不能危身。

同人九三—伏戎于莽。升其高陵。三歲不興。象曰。伏戎于莽。敵剛也。三歲不興。安行也。

絕對吉凶論卦要義

吉凶事理敘作詩—同人無私大道行。艮象為心皆有定。縱得遯象亦為亨。龍馬天相志能成。

相應財情體運之吉凶悔吝論斷要義詳述

【財運】—可論吉。

【感情】—有悔。

【身體】—有悔。

【運勢】—可論吉。

同人之乾

邵康節【演義】—趨吉避凶。人之常情。若一旦遇變故而巧於趨避。非惟自問不安。即天人亦不容也之。人事蹉跎。所以戒之者深矣。占此者當不避艱險。勉持危局。

必論問題關鍵

世爻資訊—三爻為靜爻己亥《平地木》

關鍵事件—成卦【天山遯】六二動爻己丑《霹靂火》化甲寅《大溪水》

易林取象—一臂六手。不便於口。莫肯與用。利弃我走。

同人九四—乘其墉。弗克攻。吉。象曰。乘其墉。義弗克也。其吉。則困而反則也。

絕對吉凶論卦要義

吉凶事理敘作詩—有私同人在于宗。離本虛中化乾實。必成乾象唯剛難。應對如一自長安。

相應財情體運之吉凶悔吝論斷要義詳述

【財運】—有吝。

【感情】—有吝。

【身體】—有悔。

【運勢】—有吝。

同人之无妄

邵康節【演義】—此爻沉滯已久。困而將亨之象。然亦必須梅花初放。始得好消息。占之者宜少安毋躁。

必論問題關鍵

世爻資訊—三爻為變爻己亥《平地木》

關鍵事件—成卦

【山水蒙】九三動爻己亥《平地木》官化庚辰《白臘金》

易林取象—負牛上山。力劣行難。烈風雨雪。遮遏我前。中道復還。憂者得歡。

同人九五—同人先號咷而後笑。大師克相遇。象曰。同人之先。以中直也。大師相遇。言相克也。

絕對吉凶論卦要義

吉凶事理敘作詩—爭勝有私應同人。離象化震見龍行。終得无妄元亨象。寬心化成冬逢春。

相應財情體運之吉凶悔吝論斷要義詳述

【財運】—可論吉。

【感情】—有悔。

【身體】—可論吉。

【運勢】—論吉。

同人之家人

邵康節【演義】—同舟共濟。出門有功。此爻象也。占之者不可損人利己。不可唯我獨尊。否則虎頭蛇尾。永無斷金之利。

必論問題關鍵

世爻資訊—三爻為靜爻己亥《平地木》

關鍵事件—成卦【山風蠱】九四動爻壬午《楊柳木》化辛未《路旁土》

易林取象—爭訟相背。和氣不處。陰陽俱否。穀風無子。

同人上九—同人于郊。无悔。象曰。同人于郊。志未得也。

絕對吉凶論卦要義

吉凶事理敘作詩—乘其墉主弗克攻。化出巽象必無常。家人之道唯共榮。痴心自我招離奔。

相應財情體運之吉凶悔吝論斷要義詳述

【財運】—論凶。

【感情】—有悔。

【身體】—有悔。

【運勢】—論凶。

同人之離

邵康節【演義】—此爻首宜謹慎。凡事色舉翔集。審度而後進退。倘操切從事。必擲珠玉於泥沙。不免自暴自棄也。戒諸。

必論問題關鍵

世爻資訊—三爻為靜爻己亥《平地木》

關鍵事件—成卦【山澤損】九五動爻壬申《劍鋒金》化己未《天上火》

易林取象—甌脫康居。慕仁入朝。湛露之歡。三爵畢恩。復歸窮廬。以安其居。

大有初九—无交害。匪咎。艱則无咎。象曰。大有初九。无交害也。

絕對吉凶論卦要義

吉凶事理敘作詩—居中得正此同人。亟心化離起戈兵。復得離象光明復。玓明唯心神玥清。

相應財情體運之吉凶悔吝論斷要義詳述

【財運】—有凶。

【感情】—有吝。

【身體】—論悔。

【運勢】—必論凶。

同人之革

邵康節【演義】—此爻主患得患失。如駑馬戀棧。無果決之作為。故枉費心機。徒取煩惱也。

必論問題關鍵

世爻資訊—三爻為靜爻己亥《平地木》

關鍵事件—成卦【艮為山】上九動爻壬戌《大海水》化丁未《天河水》

易林取象—山陵四塞。遏我徑路。欲前不得。復還故處。

大有九二—大車以載。有攸往。无咎。象曰。大車以載。積中不敗也。

絕對吉凶論卦要義

吉凶事理敘作詩—同人于郊應無悔。有言是兑未如實。離火制金重有信。得失不在心機中。

相應財情體運之吉凶悔吝論斷要義詳述

【財運】—有吝。

【感情】—有吝。

【身體】—必有悔。

【運勢】—有吝。

大有之鼎

邵康節【演義】—此爻戒人失足。非勸人裹足。占之者不可誤會。兼諸事小心。效石慶之數馬。不論年災月晦。巨患奇禍。均不臨其身也。寓意亦殊深遠。

必論問題關鍵

世爻資訊—三爻為靜爻甲辰《覆燈火》

關鍵事件—成卦【天山遯】初九動爻甲子《海中金》化辛丑《壁上土》

易林取象—履泥汙足。名困身辱。兩仇相得。身為痛瘧。

大有九三—公用亨于天子。小人弗克。象曰。公用亨于天子。小人害也。

絕對吉凶論卦要義

吉凶事理敘作詩—懷璧招凶以敬慎。巽主無識生無端。雖得鼎卦本命歸。祈福發願繫平安。

相應財情體運之吉凶悔吝論斷要義詳述

【財運】—必論凶。

【感情】—必有吝。

【身體】—論悔。

【運勢】—論凶。

大有之離

邵康節【演義】—此爻既見絕於君子。又受憎於小人。故旅進旅退。迄無所成。此自取其咎也。占此者有則改之無則加勉。不可視為老生常談。

必論問題關鍵

世爻資訊—三爻為靜爻甲辰《覆燈火》

關鍵事件—成卦【天澤履】九二動爻甲寅《大溪水》化己丑《霹靂火》

易林取象—鳧鷺遊涇。君子以寧。履德不愆。福祿來成。

大有九四—匪其彭。无咎。象曰。匪其彭无咎。明辨晢也。

絕對吉凶論卦要義

吉凶事理敘作詩—任重當為乘厚車。此心見離反浮沉。復得離象明謙道。善與人同啓前程。

相應財情體運之吉凶悔吝論斷要義詳述

【財運】—論凶。

【感情】—必有吝。

【身體】—必論凶。

【運勢】—論凶。

大有之睽

邵康節【演義】—東事西成。求彼而得此也。後二句有居高臨下。逍遙自在象。占者必須感謝上蒼。兼多行陰騭。以期久長焉。

必論問題關鍵

世爻資訊—三爻為變爻甲辰《覆燈火》

關鍵事件—成卦【乾為天】九三動爻甲辰《覆燈火》化丁丑《澗下水》

易林取象—四亂不安。東西為患。身止無功。不出國城。乃得全完。賴其生福。

大有六五—厥孚交如。威如吉。象曰。厥孚交如。信以發志也。威如之吉。易而无備也。

絕對吉凶論卦要義

吉凶事理敘作詩—亟心施為論亨道。此心能兑知如意。雖得睽象主違行。福報當應富有得。

相應財情體運之吉凶悔吝論斷要義詳述

【財運】—必論吉。

【感情】—可論吉。

【身體】—論吉。

【運勢】—必論吉。

大有之大畜

邵康節【演義】——此爻處事須圓如走珠。接物須渾若用規。重交際。尚往來。人自樂親近之。其平步青天宜也。占者有所謀為。當以圓融為第一著。

必論問題關鍵

世爻資訊——三爻為靜爻甲辰《覆燈火》

關鍵事件——成卦【天風姤】九四動爻己酉《大驛土》化丙戌《屋上土》

易林取象——繭栗犧牲。敬奉貴神。享者飲食。受福多孫。望季不來。孔聖厄陳。

大有上九——自天祐之。吉无不利。象曰。大有上吉。自天祐也。

絕對吉凶論卦要義

吉凶事理敘作詩——匪其彭論非常道。艮象化出自得全。既成大畜當應時。周旋其志方有為。

相應財情體運之吉凶悔吝論斷要義詳述

【財運】——有悔。

【感情】——可論吉。

【身體】——有悔。

【運勢】——論悔。

大有之乾

邵康節【演義】—此爻主家庭不和。親友輕視。交無善交。有初鮮終剛愎自用。動輒齟齬。故時以無端的為憂也。占之者除戒謹恐懼外。仍須善與人同。

必論問題關鍵

世爻資訊—三爻為靜爻甲辰《覆燈火》

關鍵事件—成卦【風天小畜】六五動爻己未《天上火》化壬申《劍鋒金》

易林取象—南山大行。困於空桑。老沙為石。牛馬無糧。

謙初六—謙謙君子。用涉大川。吉。象曰。謙謙君子。卑以自牧也。

絕對吉凶論卦要義

吉凶事理敘作詩—既乎眾望逞威如。明果化乾歎奈何。終究乾象事多難。吾身三省渡重關。

相應財情體運之吉凶悔吝論斷要義詳述

【財運】—論凶。

【感情】—必論吉。

【身體】—論凶。

【運勢】—論凶。

大有之大壯

邵康節【演義】—此爻主夏秋之交。得藉至交之力。為之先容。不費吹灰工夫。遽然衣食有恃。人之相知。貴相知心。故不須疑也。占之中吉。

必論問題關鍵

世爻資訊—三爻為靜爻甲辰《覆燈火》

關鍵事件—成卦【天水訟】上九動爻己巳《大林木》化庚戌《釵釧金》

易林取象—瘿瘤瘍疥。為身瘡害。疾病癃痢。常不屬逮。

謙六二—鳴謙。貞吉。象曰。鳴謙貞吉。中心得也。

絕對吉凶論卦要義

吉凶事理敘作詩—大有明道承天祐。震象化龍應天行。既成大壯諸事定。為福相應入秋時。

相應財情體運之吉凶悔吝論斷要義詳述

【財運】—可論吉。

【感情】—論悔。

【身體】—論凶。

【運勢】—論凶。

謙之明夷

邵康節【演義】—此爻出外作客。小有成就。故鄉不如他鄉。切莫遽作歸計。俟來年桃花開時，再返不遲。

必論問題關鍵

世爻資訊—五爻為靜爻癸亥《大海水》

關鍵事件—成卦【澤天夬】初六動爻丙辰《沙中土》化己卯《城頭土》

易林取象—鰌鰕去海。藏於枯里。街巷褊隘。不得自在。南北極遠。渴餒成疾。

謙九三—勞謙君子。有終吉。象曰。勞謙君子。萬民服也。

絕對吉凶論卦要義

吉凶事理敘作詩—謙謙其道退無行。艮象化離見光明。明夷是定在艱貞。謀為進步利清明。

相應財情體運之吉凶悔吝論斷要義詳述

【財運】—論凶。

【感情】—必論吉。

【身體】—有悔。

【運勢】—有悔。

謙之升

邵康節【演義】—此爻與其家居不如出外。然亦須依附一人。若一意孤行。且有意外之虞。占者不可不戒。

必論問題關鍵

世爻資訊—五爻為靜爻癸亥《大海水》

關鍵事件—成卦【山水蒙】六二動爻丙午《天河水》化辛亥《釵釧金》

易林取象—七竅龍身。造易八元。法天則地。順時施恩。富貴長存。

謙六四—无不利撝謙。象曰。无不利撝謙。不違則也。

絕對吉凶論卦要義

吉凶事理敘作詩—陰陽和合主鳴謙。艮象化巽隨風行。升得元亨須丈人。獨行有虞去慈航。

相應財情體運之吉凶悔吝論斷要義詳述

【財運】—可論吝。

【感情】—論悔。

【身體】—論凶。

【運勢】—有悔。

謙之坤

邵康節【演義】—此爻占病平善。謀事五分。交易稍舒。種禾有收。家宅守舊。口舌留心。占者須提防之。

必論問題關鍵

世爻資訊—五爻為靜爻癸亥《大海水》

關鍵事件—成卦【澤風大過】九三動爻丙申《山下火》化乙卯《大溪水》

易林取象—北辰紫宮。衣冠立中。含和建德。常受大福。鈆刀攻玉。堅不可得。

謙六五—不富以其鄰。利用侵伐。无不利。象曰。利用侵伐。征不服也。

絕對吉凶論卦要義

吉凶事理敘作詩—勞謙君子自有終。艮象化坤退無行。終究坤象行安貞。不富能有利乾行。

相應財情體運之吉凶悔吝論斷要義詳述

【財運】—論吉。

【感情】—有吝。

【身體】—必論吉。

【運勢】—論悔。

謙之小過

邵康節【演義】——此爻久客思歸。飄零自嘆。回首家山天倫序樂。恨不插翅飛歸。占者有此景象。

必論問題關鍵

世爻資訊——五爻為靜爻癸亥《大海水》

關鍵事件——成卦【水天需】六四動爻癸丑《桑拓木》化庚午《路旁土》

易林取象——梅李冬實。國多賊盜。擾亂並作。王不能制。

謙上六——鳴謙。利用行師。征邑國。象曰。鳴謙。志未得也。可用行師。征邑國也。

絕對吉凶論卦要義

吉凶事理敘作詩——居不自安必撝謙。亟行震象志無成。終究小過有亨道。培能知緩復為安。

相應財情體運之吉凶悔吝論斷要義詳述

【財運】——必有吝。

【感情】——有吝。

【身體】——必論凶。

【運勢】——必有吝。

謙之蹇

邵康節【演義】—此爻一切謀為。主從勤苦中得來。否則萬無成功之理。占者切勿自誤。

必論問題關鍵

世爻資訊—五爻為變爻癸亥《大海水》

關鍵事件—成卦【天山遯】六五動爻癸亥《大海水》化戊戌《平地木》

易林取象—右目無瞳。偏視寡明。十步之外。不知何公。

豫初六—鳴豫。凶。象曰。初六鳴豫。志窮凶也。

絕對吉凶論卦要義

吉凶事理敘作詩—貪豫虛中為不富。坎中生迷勿投機。必逢蹇難無成事。為求全志必乾行。

相應財情體運之吉凶悔吝論斷要義詳述

【財運】—有凶。

【感情】—有吝。

【身體】—必有吝。

【運勢】—論凶。

謙之艮

邵康節【演義】—此爻安安穩穩。不勞而獲。雖能不暴富驟貴。却可持久。無中變之慮。占之上吉。

必論問題關鍵

世爻資訊—五爻為靜爻癸亥《大海水》

關鍵事件—成卦【澤風大過】上六動爻癸酉《劍鋒金》化丙寅《爐中火》

易林取象—空槽注猪。豚彘不到。張弓祝雞。雄父飛去。

豫六二—介于石。不終日。貞吉。象曰。不終日貞吉。以中正也。

絕對吉凶論卦要義

吉凶事理敘作詩—君子有終明謙道。坤象化艮果必得。復成艮象諸事定。從此無虞保長安。

相應財情體運之吉凶悔吝論斷要義詳述

【財運】—必論吉。

【感情】—論吉。

【身體】—可論吉。

【運勢】—論吉。

豫之震

邵康節【演義】—此爻主讒人高張。賢士無名。榮辱升沈。顛倒位置。莫謂天道不公。須知人事靡定也。月既缺矣。又滅其光。占之者可以知所儆矣。

必論問題關鍵

世爻資訊—初爻為變爻乙未《沙中金》

關鍵事件—成卦【天澤履】初九動爻乙未《沙中金》化庚子《壁上土》

易林取象—吾有驊騮。畜之以時。東家翁孺。來請我車。價極可與。後無賤悔。

豫六三爻—盱豫悔。遲有悔。象曰。盱豫有悔。位不當也。

絕對吉凶論卦要義

吉凶事理敘作詩—鳴豫其凶知無節。此心化震宜有悔。復成震象無常事。欲待功成須立人。

相應財情體運之吉凶悔吝論斷要義詳述

【財運】—論凶。

【感情】—必論凶。

【身體】—論悔。

【運勢】—可論吉。

豫之解

邵康節【演義】—此爻事有危險。目前甚屬艱難。幸喜風過浪靜。終無妨碍。一朝得有憑借。便可獲有金鱗。蓋一開花早結果遲之象也。占之者須耐心守候。

必論問題關鍵

世爻資訊—初爻為靜爻乙未《沙中金》

關鍵事件—成卦【澤山咸】六二動爻乙巳《覆燈火》化戊辰《大林木》

易林取象—周德既成。杼軸不傾。太宰東西。夏國康寧。

豫九四—由豫。大有得。勿疑。朋盍簪。象曰。由豫大有得。志大行也。

絕對吉凶論卦要義

吉凶事理敘作詩—介石終日生轉機。亟心見坎勿生疑。諸事得解自得安。終究有成應其福。

相應財情體運之吉凶悔吝論斷要義詳述

【財運】—論悔。

【感情】—論吉。

【身體】—可論吉。

【運勢】—可論吉。

豫之小過

邵康節【演義】—此爻暴虎馮河。有損無益。必須謹慎持重。兼得他人協助。方可盡善盡美。占者幸勿以鹵莽出之。

必論問題關鍵

世爻資訊—初爻為靜爻乙未《沙中金》

關鍵事件—成卦【水風井】六三動爻乙卯《大溪水》化丙申《山下火》

易林取象—李華再實。鴻卵降集。仁德以興。陰國受福。

豫六五—貞疾。恆不死。象曰。六五貞疾。乘剛也。恆不死。中未亡也。

絕對吉凶論卦要義

吉凶事理敘作詩—盱豫有悔勿言遲。此心有定自得安。小過從險未為美。乾行丈人方能得。

相應財情體運之吉凶悔吝論斷要義詳述

【財運】—論凶。

【感情】—有凶。

【身體】—論凶。

【運勢】—論凶。

豫之坤

邵康節【演義】—此爻主徘迴歧路。進退兩難。兼營並騖。欣戚交併。是其無兼人之材可知。占者甯量力於事前。毋貽悔於日後。

必論問題關鍵

世爻資訊—初爻為靜爻乙未《沙中金》

關鍵事件—成卦【澤山咸】九四動爻庚午《路旁土》化癸丑《桑拓木》

易林取象—蔡侯朝楚。留連江濱。踰時歷月。思其后君。

豫上六—冥豫。成有渝。无咎。象曰。冥豫在上。何可長也。

絕對吉凶論卦要義

吉凶事理敘作詩—由豫該為大有得。坤主迷相虛無實。變化實相坤地廣。量才施為進有得。

相應財情體運之吉凶悔吝論斷要義詳述

【財運】—有凶。

【感情】—論凶。

【身體】—可論吉。

【運勢】—論凶。

豫之萃

邵康節【演義】—此爻前二句為破壞之兆。崩裂之象。忽逢大有力者。然後重整旗鼓。再造乾坤。占之者主先憂後樂。始難終易。

必論問題關鍵

世爻資訊—初爻為靜爻乙未《沙中金》

關鍵事件—成卦【坎為水】六五動爻庚申《石榴木》化丁酉《山下火》

易林取象—中原有菽。以待雉食。飲御諸友。所求大得。

隨初九—官有渝。貞吉。出門交有功。象曰。官有渝。從正吉也。出門交有功。不失也。

絕對吉凶論卦要義

吉凶事理敘作詩—貞疾有道逢貴人。兑象成果直耗虛。盡得萃象諸事濟。憂後能安志有得。

相應財情體運之吉凶悔吝論斷要義詳述

【財運】—必有悔。

【感情】—論悔。

【身體】—可論吉。

【運勢】—論悔。

豫之晉

邵康節【演義】——此爻年運欠吉。諸事不利。耕作防凶年。貿易防折本。是非日有。疾病淹纏。凡事凶多吉少。禍早福遲。占者最宜審慎。

必論問題關鍵

世爻資訊——初爻為靜爻乙未《沙中金》

關鍵事件——成卦【山澤損】上六動爻庚戌《釵釧金》化己巳《大林木》

易林取象——鵲巢柳樹。鳩集其處。任力薄德。天命不佑。

隨六二——係小子。失丈夫。象曰。係小子。弗兼與也。

絕對吉凶論卦要義

吉凶事理敘作詩——冥豫有厲乃自招。離坎相錯渾沌時。晉象有為在明德。貪豫無心惹災殃。

相應財情體運之吉凶悔吝論斷要義詳述

【財運】——有凶。

【感情】——有凶。

【身體】——有凶。

【運勢】——有凶。

隨之萃

邵康節【演義】——橋斷路絕。舟破風狂。命運可知矣。占此者能積德修身。廣種福田。自可轉危為安。逢凶化吉。若仍誅求無厭。勢必災禍臨身。

必論問題關鍵

世爻資訊——三爻為靜爻庚辰《白臘金》
關鍵事件——成卦【澤天夬】初九動爻庚子《壁上土》化乙未《沙中金》
易林取象——燕雀銜茆。以生孚乳。兄弟六人。姣好悌孝。得心歡欣。和悅相樂。
隨六三——係丈夫。失小子。隨有求得。利居貞。象曰。係丈夫。志舍下也。

絕對吉凶論卦要義

吉凶事理敘作詩——以隨亨道官有渝。坤象是迷主禍殃。多虞見萃事重重。修善能節化災凶。

相應財情體運之吉凶悔吝論斷要義詳述

【財運】——可論吝。
【感情】——有吝。
【身體】——有吝。
【運勢】——有凶。

隨之兌

邵康節【演義】—此爻主有財不招。家口多病。六甲無望。婚姻不成。功名蹭蹬。行人無信。官司口舌。均屬難免。占此者省些精神。勿為無益之事。

必論問題關鍵

世爻資訊—三爻為靜爻庚辰《白臘金》

關鍵事件—成卦【巽為風】六二動爻庚寅《松柏木》化丁卯《爐中火》

易林取象—兩心不同。或欲西東。明論終始。莫適所從。

隨九四—隨有獲。貞凶。有孚在道。以明。何咎。象曰。隨有獲。其義凶也。有孚在道。明功也。

絕對吉凶論卦要義

吉凶事理敘作詩—情維于私係小子。此心從兌不識憂。復成兌象無去來。有孚在道明咎災。

相應財情體運之吉凶悔吝論斷要義詳述

【財運】—必論凶。

【感情】—論凶。

【身體】—必有吝。

【運勢】—有吝。

隨之革

邵康節【演義】—此爻主交巳辰流年名利雙收。又逢巳辰生年之人。亦得提攜扶助之德。占此者須細加思量。遵而行之。

必論問題關鍵

世爻資訊—三爻為變爻庚辰《白臘金》

關鍵事件—成卦【天澤履】六三動爻庚辰《白臘金》化己亥《平地木》

易林取象—載金販狗。利棄我走。藏匿淵渠。悔折為咎。

隨九五—孚于嘉。吉。象曰。孚于嘉吉。位正中也。

絕對吉凶論卦要義

吉凶事理敘作詩—隨道有得心向正。離象文明易培能。必成革道必有孚。龍蛇成功主應期。

相應財情體運之吉凶悔吝論斷要義詳述

【財運】—論悔。

【感情】—必論吉。

【身體】—論悔。

【運勢】—論吉。

隨之屯

邵康節【演義】—此爻有另起爐竈。再整乾坤之象。占得此爻者。須懃懇做去。又應乾惕自厲。毋輕心以掉之。庶可光復舊物。

必論問題關鍵

世爻資訊—三爻為靜爻庚辰《白臘金》

關鍵事件—成卦【水天需】九四動爻丁亥《屋上土》化戊申《大驛土》

易林取象—左輔右弼。金玉滿櫃。常盈不亡。富如敖倉。

隨上六—拘係之。乃從維之。王用亨于西山。象曰。拘係之。上窮也。

絕對吉凶論卦要義

吉凶事理敘作詩—隨有獲者其義凶。坎象為離豈如實。是得屯道知多艱。乾坤再整行步深。

相應財情體運之吉凶悔吝論斷要義詳述

【財運】—有凶。

【感情】—必有悔。

【身體】—必有悔。

【運勢】—有吝。

隨之震

邵康節【演義】——此爻易進難退。鳥脫樊籠而不得。魚離網鈎而不能。淹滯久久。難望跳出大坑。占此者有擾攘不甯。意緒紛如之象。

必論問題關鍵

世爻資訊——三爻為靜爻庚辰《白臘金》

關鍵事件——成卦【坎為水】九五動爻丁酉《山下火》化庚申《石榴木》

易林取象——驪姬讒嬉。與二孽謀。譖啄恭子。賊害忠孝。駕出嘉門。商伯有喜。

蠱初六——幹父之蠱。有子。考无咎。厲終吉。象曰。幹父之蠱。意承考也。

絕對吉凶論卦要義

吉凶事理敘作詩——隨道至善必有嘉。明果化震應天變。復得震象興无妄。亟心伏吟意消沉。

相應財情體運之吉凶悔吝論斷要義詳述

【財運】——必有吝。

【感情】——有吝。

【身體】——有吝。

【運勢】——有吝。

隨之无妄

邵康節【演義】—此爻謀事宜緩不宜急。急則非徒無益。而且反覆不成。一交冬令。自獲豐收。可以不勞而得。占此者耐心守候。莫嘆不如意為是。

必論問題關鍵

世爻資訊—三爻為靜爻庚辰《白臘金》

關鍵事件—成卦【兑為澤】上六動爻丁未《天河水》化壬戌《大海水》

易林取象—茅茹本居。與類相扶。顧慕羣旅。不離其巢。

蠱九二—幹母之蠱。不可貞。象曰。幹母之蠱。得中道也。

絕對吉凶論卦要義

吉凶事理敘作詩—隨道之極是深執。化乾有厲緩向前。終成无妄元亨象。秋冬應期自有得。

相應財情體運之吉凶悔吝論斷要義詳述

【財運】—可論吉。

【感情】—必有悔。

【身體】—必有悔。

【運勢】—可論吉。

蠱之大畜

邵康節【演義】—此爻譽馳遐邇。利乃當然之事。占之者主百事遂心。有名有利。

必論問題關鍵

世爻資訊—三爻為靜爻辛酉《石榴木》

關鍵事件—成卦【天澤履】初六動爻辛丑《壁上土》化甲子《海中金》

易林取象—雲雷因積。大雨重疊。久不見日。使心悒悒。

蠱九三—幹父之蠱。小有悔。无大咎。象曰。幹父之蠱。終无咎也。

絕對吉凶論卦要義

吉凶事理敘作詩—蠱道成事問三甲。此心化乾堪為能。大畜有成須積德。終得心願相應時。

相應財情體運之吉凶悔吝論斷要義詳述

【財運】—必論吉。

【感情】—論吉。

【身體】—可論吉。

【運勢】—必論吉。

蠱之艮

邵康節【演義】—此爻邂逅相逢。一見如故。傾心吐膽。古道照人。占者能於無意中獲交良友。

必論問題關鍵

世爻資訊—三爻為靜爻辛酉《石榴木》

關鍵事件—成卦【山天大畜】九二動爻辛亥《釵釧金》化丙午《天河水》

易林取象—天之所壞。不可強支。眾口嘈嘈。雖貴必危。

蠱六四—裕父之蠱。往見吝。象曰。裕父之蠱。往未得也。

絕對吉凶論卦要義

吉凶事理敘作詩—陰從陽道母之蠱。此心得艮諸事定。復成艮象因緣足。仁者有孚笑逢春。

相應財情體運之吉凶悔吝論斷要義詳述

【財運】—論吉。

【感情】—論吉。

【身體】—有悔。

【運勢】—必有悔。

蠱之蒙

邵康節【演義】—此爻作客東土。得遇同里。遂結知心。相與謀為。煞費苦心。迨過上元。遂交鴻運。占者如欲有所營求。非藉鄉人之力不可。

必論問題關鍵

世爻資訊—三爻為變爻辛酉《石榴木》

關鍵事件—成卦【山水蒙】九三動爻辛酉《石榴木》化戊午《天上火》

易林取象—家在海隅。撓繞深流。王孫單行。無妄以趍。

蠱六五—幹父之蠱。用譽。象曰。幹父用譽。承以德也。

絕對吉凶論卦要義

吉凶事理敘作詩—幹父之蠱必乾行。坎象如心多慢疑。終究蒙象須丈人。同鄉為道應春時。

相應財情體運之吉凶悔吝論斷要義詳述

【財運】—論吉。

【感情】—必有悔。

【身體】—有悔。

【運勢】—可論吉。

蠱之鼎

邵康節【演義】—此爻主楚豫不寧。靡可棲止。惟川中安堵如故。占者如有親友羈旅楚豫。音信必然阻隔。

必論問題關鍵

世爻資訊—三爻為靜爻辛酉《石榴木》

關鍵事件—成卦【水澤節】六四動爻丙戌《屋上土》化己酉《大驛土》

易林取象—獐鹿雞兔。群聚東國。俱往逐追。九齚十得。主君有喜。

蠱上九—不事王侯。高尚其事。象曰。不事王侯。志可則也。

絕對吉凶論卦要義

吉凶事理敘作詩—蠱事用裕無成果。化離為坎不安寧。有福入鼎得亨象。寬心無為樂自成。

相應財情體運之吉凶悔吝論斷要義詳述

【財運】—論凶。

【感情】—有凶。

【身體】—必有吝。

【運勢】—有凶。

蠱之巽

邵康節【演義】—此爻主功名沉滯。時運未濟。雖志圖中舉。而風雲未起。除非勤求力學。庶乎發跡有自。占者切勿性急。

必論問題關鍵

世爻資訊—三爻為靜爻辛酉《石榴木》

關鍵事件—成卦【山天大畜】六五動爻丙子《澗下水》化辛巳《白臘金》

易林取象—重驛置之。來除我憂。與喜俱居。同其福休。

臨初九—咸臨。貞吉。象曰。咸臨貞吉。志行正也。

絕對吉凶論卦要義

吉凶事理敘作詩—用譽之道應培德。艮象成巽果未成。生生巽道隨風起。緩步能進應乾行。

相應財情體運之吉凶悔吝論斷要義詳述

【財運】—有悔。

【感情】—有悔。

【身體】—論悔。

【運勢】—論悔。

蠱之升

邵康節【演義】—此爻待人接物切莫過於認真。得讓處且讓。得忍處且忍。開口大笑。出外秘訣。占者切記切記。

必論問題關鍵

世爻資訊—三爻為靜爻辛酉《石榴木》

關鍵事件—成卦【水風井】上九動爻丙寅《爐中火》化癸酉《劍鋒金》

易林取象—雞方啄粟。為狐所逐。走不得食。惶懼惕息。

臨九二—咸臨。吉无不利。象曰。咸臨吉无不利。未順命也。

絕對吉凶論卦要義

吉凶事理敘作詩—蠱道有終該如意。化坤為迷我自縛。必明升象在順德。得失有緣笑春風。

相應財情體運之吉凶悔吝論斷要義詳述

【財運】—必論凶。

【感情】—必論凶。

【身體】—必論凶。

【運勢】—必有吝。

臨之師

邵康節【演義】—此爻談笑生風嘉賓來歸。占此者主得良友。為之謀畫振興事業。高歌唱和彼此歡樂之象也。

必論問題關鍵

世爻資訊—二爻為靜爻丁卯《爐中火》

關鍵事件—成卦【水天需】初九動爻丁巳《沙中土》化戊寅《城頭土》

易林取象—二人俱行。各遺其囊。鴻鵠失珠。無以為明。

臨六三—甘臨。无攸利。既憂之。无咎。象曰。甘臨。位不當也。既憂之。咎不長也。

絕對吉凶論卦要義

吉凶事理敘作詩—咸臨貞吉无咎災。此因從坎明有孚。丈人有應行師道。諸事能興唱舒懷。

相應財情體運之吉凶悔吝論斷要義詳述

【財運】—論吉。

【感情】—必論吉。

【身體】—有吝。

【運勢】—可論吉。

臨之復

邵康節【演義】—此爻時事日非。不必求進。即使打疊行程。途中尚須謹防。否則不堪設想。占者切戒切戒。

必論問題關鍵

世爻資訊—二爻為變爻丁卯《爐中火》

關鍵事件—成卦【坎為水】九二動爻丁卯《爐中火》化庚寅《松柏木》

易林取象—天之所予。福祿常在。不憂危殆。

臨六四—至臨。无咎。象曰。至臨无咎。位當也。

絕對吉凶論卦要義

吉凶事理敘作詩—為善之道應剛中。悅心化震意紛紛。道中生雷是輪迴。定心安守能離脫。

相應財情體運之吉凶悔吝論斷要義詳述

【財運】—論凶。

【感情】—有吝。

【身體】—必論凶。

【運勢】—必論凶。

臨之泰

邵康節【演義】—此爻池底蛟龍必不久困山中。虎豹生來便奇。一旦有所憑藉自然迴異庸俗。占者不久即通。

必論問題關鍵

世爻資訊—二爻為靜爻丁卯《爐中火》

關鍵事件—成卦【巽為風】六三動爻丁丑《澗下水》化甲辰《覆燈火》

易林取象—員怨之吳。畫策闔閭。鞭平服荊。除大咎殃。威震敵國。還受上卿。

臨六五—知臨。大君之宜。吉。象曰。大君之宜。行中之謂也。

絕對吉凶論卦要義

吉凶事理敘作詩—甘臨知憂防蹇難。此心乾象富有為。必得泰卦終吉亨。歸還本來是龍行。

相應財情體運之吉凶悔吝論斷要義詳述

【財運】—可論吉。

【感情】—論吉。

【身體】—有悔。

【運勢】—可論吉。

臨之歸妹

邵康節【演義】──此爻有蔗老愈甜。薑老彌辛之象。老成持重之人。一舉一動。無不經久。蓋深戒少不更事者。

必論問題關鍵

世爻資訊──二爻為靜爻丁卯《爐中火》

關鍵事件──成卦【天風姤】六四動爻癸丑《桑拓木》化庚午《路旁土》

易林取象──域域牧牧。憂禍相半。隔以巖山。室家分散。

臨上六──敦臨。吉无咎。象曰。敦臨之吉。志在內也。

絕對吉凶論卦要義

吉凶事理敘作詩──至臨之道必有定。外果化震理順緣。得象歸妹或如心。萬事能成唯由恆。

相應財情體運之吉凶悔吝論斷要義詳述

【財運】──有悔。

【感情】──必有悔。

【身體】──有悔。

【運勢】──有悔。

臨之節

邵康節【演義】—此爻求全之毀固可聽之。但心力徒勞轉。不如守我安逸。況人生能得幾何年。占者務須退一步著想。

必論問題關鍵

世爻資訊—二爻為靜爻丁卯《爐中火》

關鍵事件—成卦【風澤中孚】六五動爻癸亥《大海水》化戊戌《平地木》

易林取象—陰淫不止。白馬為洶。皋澤之子。就高而處。

觀初六—童觀。小人无咎。君子吝。象曰。初六。童觀。小人道也。

絕對吉凶論卦要義

吉凶事理敘作詩—知臨大君在宜吉。外象成坎是險道。須明節卦尚能止。守成安逸免耗災。

相應財情體運之吉凶悔吝論斷要義詳述

【財運】—必論凶。

【感情】—必論凶。

【身體】—有吝。

【運勢】—必論凶。

臨之損

邵康節【演義】—此爻主能為世用。終勝於投閒置散。若游手好閒之徒。尚不如廝卒也。占者業雖賤。亦可安之。

必論問題關鍵

世爻資訊—二爻為靜爻丁卯《爐中火》

關鍵事件—成卦【水山蹇】上六動爻癸酉《劍鋒金》化丙寅《爐中火》

易林取象—秋蛇向穴。不失其節。夫人姜氏。自齊復入。

觀六二—闚觀。利女貞。象曰。闚觀女貞。亦可醜也。

絕對吉凶論卦要義

吉凶事理敘作詩—臨道有終應知足。艮果成象諸緣盡。又得損卦明為失。安守本分心自足。

相應財情體運之吉凶悔吝論斷要義詳述

【財運】—論凶。

【感情】—有吝。

【身體】—必有吝。

【運勢】—必有吝。

觀之益

邵康節【演義】—此爻主和則無憂。決之為言訣也。與人訣別也。雲還於岫。月明於空。廊清翳障。獨顯皎潔之義。占者須實行人和兩字。

必論問題關鍵

世爻資訊—四爻為靜爻辛未《路旁土》

關鍵事件—成卦【山天大畜】初六動爻乙未《沙中金》化庚子《壁上土》

易林取象—去辛就蓼。毒愈酷毒。避穽入坑。憂患日生。

觀六三—觀我生進退。象曰。觀我生進退。未失道也。

絕對吉凶論卦要義

吉凶事理敘作詩—童蒙之觀能未足。亟心化震必知節。盛衰由益應人和。潔身行正我自得。

相應財情體運之吉凶悔吝論斷要義詳述

【財運】—必論凶。

【感情】—論凶。

【身體】—有吝。

【運勢】—必論凶。

觀之渙

邵康節【演義】─此爻行藏總由天定。用舍不關人為。可進則進。當止則止。首二句正是此意。占者一切須聽自然。切莫強求。不然崑岡俱焚。載胥及溺矣。

必論問題關鍵

世爻資訊─四爻為靜爻辛未《路旁土》

關鍵事件─成卦【天水訟】六二動爻乙巳《覆燈火》化戊辰《大林木》

易林取象─褰衣涉河。水深漬衣。賴幸舟子。濟脫無他。

觀六四─觀國之光。利用賓于王。象曰。觀國之光。尚賓也。

絕對吉凶論卦要義

吉凶事理敘作詩─順德之道是闚觀。此心從坎自多疑。衍生渙卦終離象。隨緣自然定長安。

相應財情體運之吉凶悔吝論斷要義詳述

【財運】─有凶。

【感情】─論凶。

【身體】─論悔。

【運勢】─必有吝。

觀之漸

邵康節【演義】—此爻現在光景雖佳。將來還須歷盡辛勤。客來徐徐。將有待也。吝必終與。為鄙夫也。占者主先逸後勞。不能一生得意。

必論問題關鍵

世爻資訊—四爻為靜爻辛未《路旁土》

關鍵事件—成卦【風澤中孚】六三動爻乙卯《大溪水》化丙申《山下火》

易林取象—御騂從龍。至于華東。與離相逢。送致于邦。

觀九五—觀我生。君子无咎。象曰。觀我生。觀民也。

絕對吉凶論卦要義

吉凶事理敘作詩—進退得失我自觀。化艮無行多享榮。必成漸卦生悔吝。無福追悔問無常。

相應財情體運之吉凶悔吝論斷要義詳述

【財運】—有吝。

【感情】—有吝。

【身體】—可論吝。

【運勢】—必有吝。

觀之否

邵康節【演義】—此爻主得良友。堪與同謀。一時雖無大好。亦復停停穩穩。揚眉吐氣。會他看年。此定理也。占者以厚相結納為妙。

必論問題關鍵

世爻資訊—四爻為變爻辛未《路旁土》

關鍵事件—成卦【水天需】六四動爻辛未《路旁土》化壬午《楊柳木》

易林取象—青牛白咽。呼我俱田。歷山之下。可以多耕。歲露時節。人民安寧。

觀上九—觀其生。君子无咎。象曰。觀其生。志未平也。

絕對吉凶論卦要義

吉凶事理敘作詩—明道有孚須觀國。化乾相應自多難。縱得否象天地成。定心无妄必有得。

相應財情體運之吉凶悔吝論斷要義詳述

【財運】—可論吉。

【感情】—可論吉。

【身體】—論凶。

【運勢】—可論吉。

觀之剝

邵康節【演義】—此爻主道途驚險。小人侵害。禍近眉睫。不同泛泛。幸善良之人。遇凶不凶。遇險不險。明鏡一照。真相畢露。此吉人天相之兆也。占者須益勉之。

必論問題關鍵

世爻資訊—四爻為靜爻辛未《路旁土》

關鍵事件—成卦【山水蒙】九五動爻辛巳《白臘金》化丙子《澗下水》

易林取象—壽如松喬。與日月俱。常安康樂。不罹禍憂。

噬嗑初九—屨校滅趾。无咎。象曰。屨校滅趾。不行也。

絕對吉凶論卦要義

吉凶事理敘作詩—行止由觀君為道。巽果化艮明始終。盡得剝象實為復。吉人天相自長安。

相應財情體運之吉凶悔吝論斷要義詳述

【財運】—論悔。

【感情】—有悔。

【身體】—論悔。

【運勢】—論悔。

觀之比

邵康節【演義】—此爻現方困阨。寸步難行。必俟災星退盡。始漸明顯得步進步。可無妨礙。占者祇可藏器待時。勿鹵莽遽進也。

必論問題關鍵

世爻資訊—四爻為靜爻辛未《路旁土》

關鍵事件—成卦【山澤損】上九動爻辛卯《松柏木》化戊子《霹靂火》

易林取象—麟趾龍身。日取三千。南上蒼梧。與福為昏。道里夷易。安全無患。

噬嗑六二—噬膚滅鼻。无咎。象曰。噬膚滅鼻。乘剛也。

絕對吉凶論卦要義

吉凶事理敘作詩—終觀之道惟自省。坎象在前應維心。前程比象在應時。無疑雲開見光明。

相應財情體運之吉凶悔吝論斷要義詳述

【財運】—有悔。

【感情】—有悔。

【身體】—論悔。

【運勢】—論凶。

噬嗑之晉

邵康節【演義】——此爻隨遇而安。無不順遂。步步春風。想見康樂。占此者名也有利也有。百事吉。皆成就。宜如何仰荅天麻也。

必論問題關鍵

世爻資訊——五爻為靜爻己未《天上火》

關鍵事件——成卦【澤天夬】初九動爻庚子《壁上土》化乙未《沙中金》

易林取象——公悅嫗喜。孫子俱在。榮譽日登。福祿來處。

噬嗑六三——噬腊肉遇毒。小吝。无咎。象曰。遇毒。位不當也。

絕對吉凶論卦要義

吉凶事理敘作詩——噬嗑除災有亨道。此心如坤行順德。且成晉象現光明。萬事能成望明君。

相應財情體運之吉凶悔吝論斷要義詳述

【財運】——可論吉。

【感情】——可論吉。

【身體】——論悔。

【運勢】——論吉。

噬嗑之睽

邵康節【演義】—此爻動作如意。謀為稱心。吉人自有天佑。福祿永保安甯。故有泰山磐石之喻。中通外直。言人品第一也。占之吉。

必論問題關鍵

世爻資訊—五爻為靜爻己未《天上火》

關鍵事件—成卦【巽為風】六二動爻庚寅《松柏木》化丁卯《爐中火》

易林取象—鄰不可顧。而求玉女。身多疾癩。誰當媚者。

噬嗑九四—噬乾胏。得金矢。利艱貞。吉。象曰。利艱貞吉。未光也。

絕對吉凶論卦要義

吉凶事理敘作詩—通明有道得中正。兑象如心行自在。識得睽象尚和同。乾行其道皆光明。

相應財情體運之吉凶悔吝論斷要義詳述

【財運】—可論吉。

【感情】—論吉。

【身體】—論吉。

【運勢】—可論吉。

噬嗑之離

邵康節【演義】—此爻主居卑思高。難如登天。幸得借助。攀附較易。占此者有因人成事之象。但亦須相與周旋。勿始賴之而終棄之也。

必論問題關鍵

世爻資訊—五爻為靜爻己未《天上火》

關鍵事件—成卦【天澤履】六三動爻庚辰《白臘金》化己亥《平地木》

易林取象—鵲笑鳩舞。來遺我酒。大喜在後。授吾龜紐。龍喜張口。起拜福祉。

噬嗑六五—噬乾肉。得黃金。貞厲。无咎。象曰。貞厲无咎。得當也。

絕對吉凶論卦要義

吉凶事理敘作詩—力劣遇毒言小吝。亟心化離本自明。上下成離或有孚。欲成其道應得人。

相應財情體運之吉凶悔吝論斷要義詳述

【財運】—論吉。

【感情】—論凶。

【身體】—有悔。

【運勢】—論凶。

噬嗑之頤

邵康節【演義】—此爻曲高和寡。落落難和。懷才莫用。淪落天涯。有扼腕之嗟。無揚眉之日。占此者還須持重。勿跋涉徒勞人世。

必論問題關鍵

世爻資訊—五爻為靜爻己未《天上火》

關鍵事件—成卦【澤水困】九四動爻己酉《大驛土》化丙戌《屋上土》

易林取象—明滅光息。不能復食。精魄既喪。以夜為室。

噬嗑上九—何校滅耳。凶。象曰。何校滅耳。聰不明也。

絕對吉凶論卦要義

吉凶事理敘作詩—強為深執為剛道。重險為艮難言亨。終究頤象言自求。自重應緣舉聖賢。

相應財情體運之吉凶悔吝論斷要義詳述

【財運】—必論凶。

【感情】—必論凶。

【身體】—必論凶。

【運勢】—必論凶。

噬嗑之无妄

邵康節【演義】—此爻主量淺福薄。費盡心機。仍是黃粱一夢。爭如安分守己。得過且過。若能懵然覺悟。勘破一切。轉有益於身心。占此者宜存心忠厚。獲福亦無量也。

必論問題關鍵

世爻資訊—五爻為變爻己未《天上火》

關鍵事件—成卦【水澤節】六五動爻己未《天上火》化壬申《劍鋒金》

易林取象—愛我嬰女。牽引不與。冀幸高貴。反得賤下。

賁初九—賁其趾。舍車而徒。象曰。舍車而徒。義弗乘也。

絕對吉凶論卦要義

吉凶事理敘作詩—陰才為主重噬嗑。乾象有為是為難。必明无妄見空象。自心有孚應積德。

相應財情體運之吉凶悔吝論斷要義詳述

【財運】—必論凶。

【感情】—必論凶。

【身體】—必有吝。

【運勢】—論凶。

噬嗑之震

邵康節【演義】—占此爻者。有心中昏迷全無主張之象。事理不明任性妄為。故處處坎坷。步步荊棘。必須小心謹慎。細理棼絲。庶可有所成就。

必論問題關鍵

世爻資訊—五爻為靜爻己未《天上火》

關鍵事件—成卦【澤山咸】上九動爻己巳《大林木》化庚戌《釵釧金》

易林取象—車雖駕。兩靷絕。馬欲步。雙輪脫。行不至。道遇害。

賁六二—賁其須。象曰。賁其須。與上興也。

絕對吉凶論卦要義

吉凶事理敘作詩—噬嗑之極明凶道。離象化震是無明。復成震象多憂懼。知過行善保長安。

相應財情體運之吉凶悔吝論斷要義詳述

【財運】—有吝。

【感情】—必有吝。

【身體】—有吝。

【運勢】—必論凶。

賁之艮

邵康節【演義】—此爻主與人交際。總須有始有終。大忌忘恩背義。反唇相稽。不論夫婦朋友賓主皆然。占者其敬聽斯言。

必論問題關鍵

世爻資訊—初爻為變爻己卯《城頭土》

關鍵事件—成卦【風水渙】初九動爻己卯《城頭土》化丙辰《沙中土》

易林取象—清人高子。久屯外野。逍遙不歸。思我君母。公子奉請。王孫嘉許。

賁九三—賁如濡如。永貞吉。象曰。永貞之吉。終莫之陵也。

絕對吉凶論卦要義

吉凶事理敘作詩—賁道有亨言小利。離心化艮心事定。必得艮卦須明道。恩義常存敬思源。

相應財情體運之吉凶悔吝論斷要義詳述

【財運】—論凶。

【感情】—可論吝。

【身體】—論凶。

【運勢】—必有吝。

賁之大畜

邵康節【演義】—此爻宜隱不宜顯。宜讓不宜爭。顯則口舌至。爭則是非生。口舌是非兇猛如貓。可不畏歟。故當力戒。

必論問題關鍵

世爻資訊—初爻為靜爻己卯《城頭土》

關鍵事件—成卦【水風井】六二動爻己丑《霹靂火》化甲寅《大溪水》

易林取象—升輿中退。舉事不遂。哺麋毀齒。失其道理。

賁六四—賁如皤如。白馬翰如。匪寇婚媾。象曰。六四。當位疑也。匪寇婚媾。終无尤也。

絕對吉凶論卦要義

吉凶事理敘作詩—賁其須者為坤道。亟心象乾爭是非。必成大畜主无妄。潔身自守避災殃。

相應財情體運之吉凶悔吝論斷要義詳述

【財運】—有吝。

【感情】—必有吝。

【身體】—必有吝。

【運勢】—論凶。

賁之頤

邵康節【演義】—此爻玉不琢不成器。人不學不如意。既已飽學。何用躊躇。占之者只須苦學。不必以美婦華屋等為慮也。

必論問題關鍵

世爻資訊—初爻為靜爻己卯《城頭土》

關鍵事件—成卦【風澤中孚】九三動爻己亥《平地木》化庚辰《白臘金》

易林取象—鴻鵠高飛。鳴求其雌。雌來在戶。雄哺嘻嘻。甚獨勞苦。炰鱉膾鯉。

賁六五—賁于丘園。束帛戔戔。吝。終吉。象曰。六五之吉。有喜也。

絕對吉凶論卦要義

吉凶事理敘作詩—賁如濡如必永貞。化震乾象難言安。山雷象頤須養正。所謀欲成應乾行。

相應財情體運之吉凶悔吝論斷要義詳述

【財運】—論悔。

【感情】—有悔。

【身體】—論悔。

【運勢】—有悔。

賁之離

邵康節【演義】—此爻赤手起家。無美不備。豹變龍興。光華爛然。若能勉力進修。屈指第一無疑。占之上吉。

必論問題關鍵

世爻資訊—初爻為靜爻己卯《城頭土》

關鍵事件—成卦【山風蠱】六四動爻丙戌《屋上土》化己酉《大驛土》

易林取象—明不處暗。智不履危。終日卒歲。樂以笑歌。

賁上九—白賁。无咎。象曰。白賁无咎。上得志也。

絕對吉凶論卦要義

吉凶事理敘作詩—賁如皤如猶為疑。相應乎離未如實。終得離象顯光明。乘龍福臻事事興。

相應財情體運之吉凶悔吝論斷要義詳述

【財運】—必論吉。

【感情】—可論吉。

【身體】—論吉。

【運勢】—必論吉。

賁之家人

邵康節【演義】—此爻孤陽不敵羣陰。故當屏女色遠小人。謹身慎行。或有以善其終。戒之慎之。

必論問題關鍵

世爻資訊—初爻為靜爻己卯《城頭土》

關鍵事件—成卦【天澤履】六五動爻丙子《澗下水》化辛巳《白臘金》

易林取象—山東山西。各自言安。雖相登望。意未同堂。

剝初六—剝牀以足。蔑貞凶。象曰。剝牀以足。以滅下也。

絕對吉凶論卦要義

吉凶事理敘作詩—柔中為主應賁道。化巽有兑事無成。且成家人利女貞。無為退守免耗災。

相應財情體運之吉凶悔吝論斷要義詳述

【財運】—必有吝。

【感情】—可論吝。

【身體】—可論吝。

【運勢】—可論吝。

賁之明夷

邵康節【演義】—此爻財運亨通。主得巨富。銅山金穴用之不竭。惟官星不顯耳。占之大吉。

必論問題關鍵

世爻資訊—初爻為靜爻己卯《城頭土》

關鍵事件—成卦【山水蒙】上九動爻丙寅《爐中火》化癸酉《劍鋒金》

易林取象—作室山根。人以為安。一昔崩顛。破我壺飱。

剝六二—剝牀以辨。蔑貞凶。象曰。剝牀以辨。未有與也。

絕對吉凶論卦要義

吉凶事理敘作詩—極貴之道復為質。艮象成坤天地廣。明夷得貞行大利。福祿能得心自如。

相應財情體運之吉凶悔吝論斷要義詳述

【財運】—可論吉。

【感情】—必論吉。

【身體】—論悔。

【運勢】—必論吉。

剝之頤

邵康節【演義】—此爻禍不單行。一再挫折。苟非防如虎狼。鮮不又遭其殘害者。占之者必嚴密防範。其難其慎而後可。

必論問題關鍵

世爻資訊—五爻為靜爻丙子《澗下水》

關鍵事件—成卦【山天大畜】初六動爻乙未《沙中金》化庚子《壁上土》

易林取象—危坐至暮。請求不得。膏澤不降。政戾民忒。

絕對吉凶論卦要義

剝六三—剝之。无咎。象曰。剝之无咎。失上下也。

吉凶事理敘作詩—群陰制陽無亨道。此心由震恐多災。見頤知守自安樂。禍不獨行否道來。

相應財情體運之吉凶悔吝論斷要義詳述

【財運】—有吝。

【感情】—有凶。

【身體】—有凶。

【運勢】—可論吝。

剝之蒙

邵康節【演義】—此爻惰為貧之母。勤為富之原。古未有惰而能富者。亦未有勤而終貧者。占之者欲求富。先務勤。

必論問題關鍵

世爻資訊—五爻為靜爻丙子《澗下水》

關鍵事件—成卦【天水訟】六二動爻乙巳《覆燈火》化戊辰《大林木》

易林取象—贲貝贖狸。不聽我辭。繫於虎鬚。牽不得來。

剝六四—剝牀以膚。凶。象曰。剝牀以膚。切近災也。

絕對吉凶論卦要義

吉凶事理敘作詩—蔑貞無吉陰剝陽。坎離錯象主知明。識蒙有亨勤為道。萬事能成賴乾行。

相應財情體運之吉凶悔吝論斷要義詳述

【財運】—論凶。

【感情】—必論凶。

【身體】—必有吝。

【運勢】—必有吝。

剝之艮

邵康節【演義】—此爻火候既到。大丹自成。凡是非一蹴可幾。其通顯者必有所自也。占者勿徒抱向隅之憾。

必論問題關鍵

世爻資訊—五爻為靜爻丙子《澗下水》

關鍵事件—成卦【風澤中孚】六三動爻乙卯《大溪水》化丙申《山下火》

易林取象—巨虵大鰌。戰於國郊。上下隔塞。逐君走逃。

剝六五—貫魚。以宮人寵。无不利。象曰。以宮人寵。終无尤也。

絕對吉凶論卦要義

吉凶事理敘作詩—行剝无咎應其正。此心能定問長安。重重艮道見光明。知行乾如志得成。

相應財情體運之吉凶悔吝論斷要義詳述

【財運】—可論吉。

【感情】—論吉。

【身體】—論吉。

【運勢】—論吉。

邵康節【演義】—此爻有自卑登高。變化不測之象。蓋機遇之來。有非人力所能拒者。占者大吉。

剝之晉

必論問題關鍵

世爻資訊—五爻為靜爻丙子《澗下水》

關鍵事件—成卦【風天小畜】六四動爻丙戌《屋上土》化己酉《大驛土》

易林取象—鳧舞鼓翼。嘉樂堯德。虞夏美功。要荒賓服。

剝上九—碩果不食。君子得輿。小人剝廬。象曰。君子得輿。民所載也。小人剝廬。終不可用也。

絕對吉凶論卦要義

吉凶事理敘作詩—剝床以膚見凶道。艮象出離現光明。且從晉象朝日升。變化否泰稱大吉。

相應財情體運之吉凶悔吝論斷要義詳述

【財運】—必論吉。

【感情】—必有悔。

【身體】—論吉。

【運勢】—可論吉。

剝之觀

邵康節【演義】—此爻說吉不吉，還是尋常。說凶不凶。幾曾遭禍。勘透世情。付之一笑。最是灑落。占者宜牢守此語。

必論問題關鍵

世爻資訊—五爻為變爻丙子《澗下水》

關鍵事件—成卦【水山蹇】六五動爻丙子《澗下水》化辛巳《白臘金》

易林取象—王母多福。天祿所伏。居之寵光。君子有福。

復初九—不遠復。无祇悔。元吉。象曰。不遠之復。以脩身也。

絕對吉凶論卦要義

吉凶事理敘作詩—陰從陽道最為宜。艮象化巽應隨風。是得或象為觀道。得失隨緣笑談中。

相應財情體運之吉凶悔吝論斷要義詳述

【財運】—論凶。

【感情】—論凶。

【身體】—必有悔。

【運勢】—必有悔。

剝之坤

邵康節【演義】—此爻人無我不立。我無人不成。人我相扶。宛如水火既濟。及瓜熟蒂落。自然與眾不同。占者當以全交友為第一義。

必論問題關鍵

世爻資訊—五爻為靜爻丙子《澗下水》

關鍵事件—成卦【風澤中孚】上九動爻丙寅《爐中火》化癸酉《劍鋒金》

易林取象—從風縱火。荻芝俱死。三害集房。十子中傷。

復六二—休復。吉。象曰。休復之吉。以下仁也。

絕對吉凶論卦要義

吉凶事理敘作詩—剝道有終乾為仁。還原坤象忌無行。復成坤道應從志。仁者有孚是正途。

相應財情體運之吉凶悔吝論斷要義詳述

【財運】—有悔。

【感情】—有悔。

【身體】—有悔。

【運勢】—有悔。

復之坤

邵康節【演義】—此爻從前種種譬如昨日死。此後種種譬如今日生。執而不化。徒見其愚。占者慎勿蹈此覆轍。速改之。速改之。

必論問題關鍵

世爻資訊—初爻為變爻庚子《壁上土》

關鍵事件—成卦【風澤中孚】初九動爻庚子《壁上土》化乙未《沙中金》

易林取象—義不勝情。以欲自營。覬利危寵。折角摧頸。

復六三—頻復。厲无咎。象曰。頻復之厲。義无咎也。

絕對吉凶論卦要義

吉凶事理敘作詩—元吉有道行不遠。震化無形主坤迷。重重坤象豈言得。無執能改是逢春。

相應財情體運之吉凶悔吝論斷要義詳述

【財運】—必有吝。

【感情】—可論吝。

【身體】—可論吝。

【運勢】—有凶。

復之臨

邵康節【演義】—此爻謀望不遂。勞而無功。家運凋零。前程蹇滯。惟作大善事。可以解免。

必論問題關鍵

世爻資訊—初爻為靜爻庚子《壁上土》

關鍵事件—成卦【坎為水】六二動爻庚寅《松柏木》化丁卯《爐中火》

易林取象—尚刑懷義。月出平地。國亂天常。咎徵滅亡。

復六四—中行獨復。象曰。中行獨復。以從道也。

絕對吉凶論卦要義

吉凶事理敘作詩—陰從陽志休復吉。兌象貪求妄言亨。臨象本義吉凶藏。積德從善保平安。

相應財情體運之吉凶悔吝論斷要義詳述

【財運】—必論凶。

【感情】—必有吝。

【身體】—必有吝。

【運勢】—必論凶。

復之明夷

邵康節【演義】—此爻志同道合大有可為。功成名就一往清利。乃同患難共安樂之象也。占之者吉。

必論問題關鍵

世爻資訊—初爻為靜爻庚子《壁上土》

關鍵事件—成卦【澤風大過】六三動爻庚辰《白臘金》化己亥《平地木》

易林取象—堯飲舜舞。禹拜上酒。禮樂所豐。可以安處。保我淑女。

復六五—敦復。无悔。象曰。敦復无悔。中以自考也。

絕對吉凶論卦要義

吉凶事理敘作詩—頻復有厲非无咎。離心本象啓光明。艱貞其利是明夷。同道有為保清吉。

相應財情體運之吉凶悔吝論斷要義詳述

【財運】—可論吉。

【感情】—論吉。

【身體】—論吉。

【運勢】—論吉。

復之震

邵康節【演義】—此爻有凌高前進之象。凡百謀為。俱無不濟。身馥袖香。其樂何如。占之者上吉。

必論問題關鍵

世爻資訊—初爻為靜爻庚子《壁上土》

關鍵事件—成卦【天風姤】六四動爻癸丑《桑拓木》化庚午《路旁土》

易林取象—猿墮高木。不踒手足。握珠懷玉。還歸我室。

復上六—迷復。凶。有災眚。用行師。終有大敗。以其國君凶。至于十年不克征。象曰。迷復之凶。反君道也。

絕對吉凶論卦要義

吉凶事理敘作詩—中行獨復明其道。一陽化震乘龍行。復得震象是為乾。凌高飛騰稱上吉。

相應財情體運之吉凶悔吝論斷要義詳述

【財運】—必論吉。

【感情】—可論吉。

【身體】—論吉。

【運勢】—必論吉。

復之屯

邵康節【演義】——此爻善人出處。神明輒暗中保佑。逢人說法。到處顯靈。言勇於為善也。占者務各自勉。

必論問題關鍵

世爻資訊——初爻為靜爻庚子《壁上土》

關鍵事件——成卦【風澤中孚】六五動爻癸亥《大海水》化戊戌《平地木》

易林取象——懸狟素飡。食非其任。失輿剝廬。休坐徙居。室家何憂。

无妄初九——无妄。往吉。象曰。无妄之往。得志也。

絕對吉凶論卦要義

吉凶事理敘作詩——敦復其道見玲瓏。坎象險厄道難行。復得屯象經綸事。具信無疑啓道心。

相應財情體運之吉凶悔吝論斷要義詳述

【財運】——論吉。

【感情】——可論吉。

【身體】——必論吉。

【運勢】——可論吉。

復之頤

邵康節【演義】—此爻功夫不到。願望不來。開爐生火。披沙揀金。何等難事。且欲速則不達也。占者須力戒躁進。

必論問題關鍵

世爻資訊—初爻為靜爻庚子《壁上土》

關鍵事件—成卦【水山蹇】上六動爻癸酉《劍鋒金》化丙寅《爐中火》

易林取象—噂噂所言。莫如我恆。歡樂堅固。可以長安。

无妄六二—不耕穫。不菑畬。則利有攸往。象曰。不耕穫。未富也。

絕對吉凶論卦要義

吉凶事理敘作詩—復道之極終為迷。坤象化艮擬光明。終究成頤賴自求。實力未果急無成。

相應財情體運之吉凶悔吝論斷要義詳述

【財運】—論凶。

【感情】—論凶。

【身體】—論悔。

【運勢】—有凶。

无妄之否

邵康節【演義】—此爻主一切疑難。不問遠近難易。均須自作主張。但求參透玄機。不難迎刃為解。雲中笑看。得意時也。

必論問題關鍵

世爻資訊—四爻為靜爻壬午《楊柳木》

關鍵事件—成卦【澤天夬】初九動爻庚子《壁上土》化癸未《楊柳木》

易林取象—天厭周德。命我南國。以禮靜民。兵革休息。

无妄六三—无妄之災。或繫之牛。行人之得。邑人之災。象曰。行人得牛。邑人災也。

絕對吉凶論卦要義

吉凶事理敘作詩—无妄之道主真誠。此心從坤應其道。必得否象乾坤玄。吾心有得向青天。

相應財情體運之吉凶悔吝論斷要義詳述

【財運】—論吉。

【感情】—有悔。

【身體】—必論吉。

【運勢】—有悔。

无妄之履

邵康節【演義】—此爻占事業不利。占疾病不定。占婚姻無望。占出行。所如輒阻。占訟事。凶多吉少。一浮沉之象也。占此者亟修省。

必論問題關鍵

世爻資訊—四爻為靜爻壬午《楊柳木》

關鍵事件—成卦【巽為風】六二動爻庚寅《松柏木》化丁卯《爐中火》

易林取象—啞啞笑喜。與歡飲酒。長樂行觴。千秋起舞。拜受大福。

无妄九四—可貞。无咎。象曰。可貞无咎。固有之也。

絕對吉凶論卦要義

吉凶事理敘作詩—柔順中正明其道。亟心化兑必貪求。但逢履卦應知節。安分守道免災傷。

相應財情體運之吉凶悔吝論斷要義詳述

【財運】—必有吝。

【感情】—必論凶。

【身體】—必有吝。

【運勢】—必論凶。

无妄之同人

邵康節【演義】—此爻主歷盡艱險。方能告成。絕地逢生。畢竟柳暗花明又一村。故貧困所以玉汝。忍性所以有為。

必論問題關鍵

世爻資訊—四爻為靜爻壬午《楊柳木》

關鍵事件—成卦【天澤履】六三動爻庚辰《白臘金》化己亥《平地木》

易林取象—壅遏隄防。水不得行。火光盛陽。陰蜺伏匿。走歸其鄉。

无妄九五—无妄之疾。勿藥有喜。象曰。无妄之藥。不可試也。

絕對吉凶論卦要義

吉凶事理敘作詩—无妄之災主天予。離心坎象渾蒙時。終得同人尋亨象。風波歷盡方得全。

相應財情體運之吉凶悔吝論斷要義詳述

【財運】—必有悔。

【感情】—有悔。

【身體】—有悔。

【運勢】—論吉。

无妄之益

邵康節【演義】—此爻主彼此相助。事蔑不濟。正人君子誠信相孚。無翻雲覆雨之慮。用能一帆風順也。

必論問題關鍵

世爻資訊—四爻為變爻壬午《楊柳木》

關鍵事件—成卦【澤山咸】九四動爻壬午《楊柳木》化辛未《路旁土》

易林取象—魚擾水濁。桀亂我國。駕龍出遊。東之樂邑。天賜我祿。與生為福。

无妄上九—无妄。行有眚。无攸利。象曰。无妄之行。窮之災也。

絕對吉凶論卦要義

吉凶事理敘作詩—无咎之道自可貞。乾能化巽應隨風。益象有為主相扶。反復有成志能得。

相應財情體運之吉凶悔吝論斷要義詳述

【財運】—可論吉。

【感情】—論吉。

【身體】—論吉。

【運勢】—可論吉。

无妄之噬嗑

邵康節【演義】—此爻否極泰來。由困而復。千里外故人自盡力援手。令凡百順遂也。若強憂煎。是自尋苦趣矣。

必論問題關鍵

世爻資訊—四爻為靜爻壬午《楊柳木》

關鍵事件—成卦【澤水困】九五動爻壬申《劍鋒金》化己未《天上火》

易林取象—戴喜抱子。與利為友。天之所命。不憂危殆。荀伯勞苦。未來王母。

大畜初九—有厲。利已。象曰。有厲利已。不犯災也。

絕對吉凶論卦要義

吉凶事理敘作詩—无妄之疾喜勿藥。乾象化離業消散。噬嗑除災為亨道。否極泰來勿憂煎。

相應財情體運之吉凶悔吝論斷要義詳述

【財運】—有悔。

【感情】—可論吉。

【身體】—必有悔。

【運勢】—論吉。

无妄之隨

邵康節【演義】—安分守己。謹防出入。商賈勿大斗小秤。士子勿誣聖譏賢。在朝勿貪詐。在野勿爭鬪。占此爻者宜深味之。

必論問題關鍵

世爻資訊—四爻為靜爻壬午《楊柳木》

關鍵事件—成卦【兌為澤】上九動爻壬戌《大海水》化丁未《天河水》

易林取象—破亡之國。天所不福。難以止息。

大畜九二—輿說輹。象曰。輿說輹。中无尤也。

絕對吉凶論卦要義

吉凶事理敘作詩—窮極无妄必為守。兌象毀折主違行。隨道能亨須順德。中正知節避災殃。

相應財情體運之吉凶悔吝論斷要義詳述

【財運】—必有吝。

【感情】—必有吝。

【身體】—必論吉。

【運勢】—必論凶。

大畜之蠱

邵康節【演義】—此爻迴避小人。當如蛇蝎。況彼眾我寡。去如不速。禍即踵至。故既言莫稍留。人云勿久存也。占者務見幾而作。不俟終日。

必論問題關鍵

世爻資訊—二爻為靜爻甲寅《大溪水》

關鍵事件—成卦【風澤中孚】初九動爻甲子《海中金》化辛丑《壁上土》

易林取象—一巢九子。同公共母。柔順利貞。出入不殆。福祿所在。

大畜九三—良馬逐。利艱貞。曰閑輿衛。利有攸往。象曰。利有攸往。上合志也。

絕對吉凶論卦要義

吉凶事理敘作詩—大畜之道為應時。亟心化巽躊躇多。終得蠱象急事作。見幾行止去小人。

相應財情體運之吉凶悔吝論斷要義詳述

【財運】—必有吝。

【感情】—有吝。

【身體】—有吝。

【運勢】—可論吝。

大畜之賁

邵康節【演義】—此爻暫時安守。好音即來。不出六七八三月中。定有亨通之望。占之者宜欣喜勿憂疑。

必論問題關鍵

世爻資訊—二爻為變爻甲寅《大溪水》

關鍵事件—成卦【風水渙】九二動爻甲寅《大溪水》化己丑《霹靂火》

易林取象—常得自如。不逢禍災。福祿自來。

大畜六四—童牛之牿。元吉。象曰。六四元吉。有喜也。

絕對吉凶論卦要義

吉凶事理敘作詩—大畜能止亨其道。此心從離信有知。必成賁象言多彩。六七八月好事來。

相應財情體運之吉凶悔吝論斷要義詳述

【財運】—有悔。

【感情】—必論吉。

【身體】—論悔。

【運勢】—論吉。

大畜之損

邵康節【演義】—此爻正不勝邪。理不勝數。一生一死。天道昭然。占之者正不必強自紛爭也。

必論問題關鍵

世爻資訊—二爻為靜爻甲寅《大溪水》

關鍵事件—成卦【巽為風】九三動爻甲辰《覆燈火》化丁丑《澗下水》

易林取象—兩虎爭鬪。服創無處。不成仇讎。行解卻去。

大畜六五—豶豕之牙。吉。象曰。六五之吉。有慶也。

絕對吉凶論卦要義

吉凶事理敘作詩—良馬競逐利艱貞。兌象有言漸成悔。明道為損邪魔興。應時天道忌強爭。

相應財情體運之吉凶悔吝論斷要義詳述

【財運】—可論吝。

【感情】—可論吝。

【身體】—論凶。

【運勢】—必論凶。

大畜之大有

邵康節【演義】—此爻事有阻滯。待開春方能順手。以後得步進步。極其絢爛。占者只須順時可也。

必論問題關鍵

世爻資訊—二爻為靜爻甲寅《大溪水》

關鍵事件—成卦【山風蠱】六四動爻丙戌《屋上土》化己酉《大驛土》

易林取象—黃帝出遊。駕龍騎馬。東至太山。南過齊魯。王良御左。文武何咎。不利市賈。

大畜上九—何天之衢。亨。象曰。何天之衢。道大行也。

絕對吉凶論卦要義

吉凶事理敘作詩—童牛之梏主元吉。艮果化離盡光明。復成大有元亨象。順時迎春喜自來。

相應財情體運之吉凶悔吝論斷要義詳述

【財運】—論吉。

【感情】—論吉。

【身體】—論吉。

【運勢】—論吉。

大畜之小畜

邵康節【演義】—此爻苦盡甘來。晚福殊佳。老當益壯。足以自娛。占者自家明白。不能多瀆。

必論問題關鍵

世爻資訊—二爻為靜爻甲寅《大溪水》

關鍵事件—成卦【天澤履】六五動爻丙子《澗下水》化辛巳《白臘金》

易林取象—配合相迎。利心四鄉。昏以為期。明星熠熠。欣喜君爽。所言得當。

頤初九—舍爾靈龜。觀我朵頤。凶。象曰。觀我朵頤。亦不足貴也。

絕對吉凶論卦要義

吉凶事理敘作詩—豶豕之牙應吉道。外果成巽四十節。小畜能亨須待時。苦盡甘來益晚福。

相應財情體運之吉凶悔吝論斷要義詳述

【財運】—可論吉。

【感情】—有悔。

【身體】—必論吉。

【運勢】—有悔。

大畜之泰

邵康節【演義】—此爻讀書不成。不如改習他業。免致貽誤終身。然亦須趁早。遲則亦不及也。占之者速改圖。

必論問題關鍵

世爻資訊—二爻為靜爻甲寅《大溪水》

關鍵事件—成卦【山水蒙】上九動爻丙寅《爐中火》化癸酉《劍鋒金》

易林取象—虎臥山隅。鹿過後朐。弓矢設張。會為功曹。伏不敢起。遂全其軀。得我美草。

頤六二—顛頤。拂經。于丘頤。征凶。象曰。六二征凶。行失類也。

絕對吉凶論卦要義

吉凶事理敘作詩—何天之衢道大行。外象化坤且入迷。是逢泰卦行失類。強執無改非前程。

相應財情體運之吉凶悔吝論斷要義詳述

【財運】—必有悔。

【感情】—必有吝。

【身體】—可論吝。

【運勢】—論凶。

頤之剝

邵康節【演義】—此爻始有飄搖之危。終來斷絕之險。從前種種。大夢一場。占者亦惟有修省以解免之。

必論問題關鍵

世爻資訊—四爻為靜爻丙戌《屋上土》

關鍵事件—成卦【澤天夬】初九動爻庚子《壁上土》化乙未《沙中金》

易林取象—弱足刖跟。不利出門。商賈無贏。折明為患。湯火之憂。轉解喜來。

頤六三—拂頤。貞凶。十年勿用。无攸利。象曰。十年勿用。道大悖也。

絕對吉凶論卦要義

吉凶事理敘作詩—頤養之道存乎正。此心從坤主自迷。乾陽絕道成剝象。如夢修省解厄災。

相應財情體運之吉凶悔吝論斷要義詳述

【財運】—有凶。

【感情】—論凶。

【身體】—有凶。

【運勢】—必論凶。

頤之損

邵康節【演義】—此爻有一息尚存。不容少懈之象。大禹惜寸陰。我輩當惜分陰。占者亟需奮勉。

必論問題關鍵

世爻資訊—四爻為靜爻丙戌《屋上土》

關鍵事件—成卦【巽為風】六二動爻庚寅《松柏木》化丁卯《爐中火》

易林取象—庭蟟夜明。追古傷今。陽弱不制。陰雄坐戾。

頤六四—顛頤吉。虎視眈眈。其欲逐逐。无咎。象曰。顛頤之吉。上施光也。

絕對吉凶論卦要義

吉凶事理敘作詩—征凶之頤必非正。兑心從欲是妄求。終乎損卦生悔吝。盛衰始作寸陰惜。

相應財情體運之吉凶悔吝論斷要義詳述

【財運】—可論吝。

【感情】—論凶。

【身體】—有吝。

【運勢】—必論凶。

邵康節【演義】—此爻坐鎮從容。談笑卻敵。非關多智。實緣定力。莫謂撝戈挽日。無此事也。占者毋庸引以為憂。

頤之賁

必論問題關鍵

世爻資訊—四爻為靜爻丙戌《屋上土》

關鍵事件—成卦【天澤履】六三動爻庚辰《白臘金》化己亥《平地木》

易林取象—群虎入邑。求索肉食。大人禦守。君不失國。

頤六五—拂經。居貞吉。不可涉大川。象曰。居貞之吉。順以從上也。

絕對吉凶論卦要義

吉凶事理敘作詩—拂頤貞凶是遠期。亟心化離應從容。賁象有為乃自飾。定心如實不須憂。

相應財情體運之吉凶悔吝論斷要義詳述

【財運】—論悔。

【感情】—論悔。

【身體】—可論吝。

【運勢】—論悔。

頤之噬嗑

邵康節【演義】—此爻坦白無私之人忽遭誣謗。因而招尤叢怨。誠无妄也。然悠悠之口。何足為定評乎。占者不妨安之。不久自可大白矣。

必論問題關鍵

世爻資訊—四爻為變爻丙戌《屋上土》

關鍵事件—成卦【水澤節】六四動爻丙戌《屋上土》化己酉《大驛土》

易林取象—隨陽轉行。不失其常。君安於鄉。國無咎殃。

頤上九—由頤。厲吉。利涉大川。象曰。由頤厲吉。大有慶也。

絕對吉凶論卦要義

吉凶事理敘作詩—顛頤有吉賴有福。離象化成起戈兵。噬嗑除災无妄事。不久能安理自明。

相應財情體運之吉凶悔吝論斷要義詳述

【財運】—必有悔。

【感情】—可論吉。

【身體】—必論凶。

【運勢】—有吝。

頤之益

邵康節【演義】—此爻主知音絕少。同道有緣。深夜自思。速宜省悟。占者須急起直追。與善人。並駕齊驅。慎勿畏難茍安也。

必論問題關鍵

世爻資訊—四爻為靜爻丙戌《屋上土》

關鍵事件—成卦【山天大畜】六五動爻丙子《澗下水》化辛巳《白臘金》

易林取象—懸狟素飡。食非其任。失輿剝廬。休坐從居。

大過初六—藉用白茅。无咎。象曰。藉用白茅。柔在下也。

絕對吉凶論卦要義

吉凶事理敘作詩—陰柔不正豈為首。巽象如風未言得。縱得益卦亦為損。知行乾乾利三思。

相應財情體運之吉凶悔吝論斷要義詳述

【財運】—有凶。

【感情】—必論凶。

【身體】—論悔。

【運勢】—可論吝。

頤之復

邵康節【演義】──此爻主同甘共苦。得人死力。桀犬吠堯。為主則忠。占之者中吉。

必論問題關鍵

世爻資訊──四爻為靜爻丙戌《屋上土》

關鍵事件──成卦【水風井】上九動爻丙寅《爐中火》化癸酉《劍鋒金》

易林取象──夏臺幽戶。文君厄處。鬼侯飲食。岐人悅喜。

大過九二──枯楊生稊。老夫得其女妻。无不利。象曰。老夫女妻。過以相與也。

絕對吉凶論卦要義

吉凶事理敘作詩──終頤之道為厲吉。坤象廣邑聚眾行。復成其道必有孚。同心相守助前程。

相應財情體運之吉凶悔吝論斷要義詳述

【財運】──可論吉。

【感情】──論吉。

【身體】──必論凶。

【運勢】──論吉。

大過之夬

邵康節【演義】—此爻主中道艱險。費盡周旋。事業尚難成就。婚姻只有一半。確實消息。在八月間。若能猛進修持。佳音旦夕可期。

必論問題關鍵

世爻資訊—四爻為靜爻丁亥《屋上土》

關鍵事件—成卦【天澤履】初六動爻辛丑《壁上土》化甲子《海中金》

易林取象—旁多小星。三五在東。早夜晨行。勞苦無功。

大過九三—棟橈凶。象曰。棟橈之凶。不可以有輔也。

絕對吉凶論卦要義

吉凶事理敘作詩—大過其道知敬慎。巽化乾行未有得。福澤天降須為夬。佳音可期桂月行。

相應財情體運之吉凶悔吝論斷要義詳述

【財運】—必有悔。

【感情】—有悔。

【身體】—論吉。

【運勢】—有悔。

大過之咸

邵康節【演義】—英雄豪傑。常人每易忽遇。目為無用之人。占此者必困龍失勢。遂受蠅蚋之欺。一旦雲興而降。昂首飛騰。方顯其真相也。有暫屈求伸之象。

必論問題關鍵

世爻資訊—四爻為靜爻丁亥《屋上土》

關鍵事件—成卦【山天大畜】九二動爻辛亥《釵釧金》化丙午《天河水》

易林取象—愛我嬰女。牽引不與。冀幸高貴。反得不與。

大過九四—棟隆吉。有它吝。象曰。棟隆之吉。不橈乎下也。

絕對吉凶論卦要義

吉凶事理敘作詩—剛柔相濟言亨道。此心有定志方成。是逢咸卦吉相應。困龍有終行將興。

相應財情體運之吉凶悔吝論斷要義詳述

【財運】—有悔。

【感情】—論悔。

【身體】—論悔。

【運勢】—有悔。

大過之困

邵康節【演義】—此爻月缺鏡破，種種不宜，訟必反覆，婚有變易，已失者不可得，未成者無可望，占此者，惟有收心改過，實行善事，方可出而謀為。

必論問題關鍵

世爻資訊—四爻為靜爻丁亥《屋上土》

關鍵事件—成卦【山水蒙】九三動爻辛酉《石榴木》化戊午《天上火》

易林取象—大步上車。南到喜家。送我貂裘。與福載來。

大過九五—枯楊生華。老婦得其士夫。无咎无譽。象曰。枯楊生華。何可久也。老婦士夫。亦可醜也。

絕對吉凶論卦要義

吉凶事理敘作詩—棟橈有凶逞剛強。此心從坎形深執。必逢困象惹災眚。善行無求保長安。

相應財情體運之吉凶悔吝論斷要義詳述

【財運】—有凶。

【感情】—有凶。

【身體】—有吝。

【運勢】—論凶。

大過之井

邵康節【演義】—此爻主謀為和合。又得貴人提攜。故前程遠大。但得意之後。尚須持盈保泰。安常處之。占者上上大吉。

必論問題關鍵

世爻資訊—四爻為變爻丁亥《屋上土》

關鍵事件—成卦【水天需】九四動爻丁亥《屋上土》化戊申《大驛土》

易林取象—賊仁傷德。天怒不福。斬刈宗社。失其宇守。

大過上六—過涉滅頂。凶。无咎。象曰。過涉之凶。不可咎也。

絕對吉凶論卦要義

吉凶事理敘作詩—陰陽合吉為棟隆。坎道能渡須維心。終得井象功可成。持盈保泰處上吉。

相應財情體運之吉凶悔吝論斷要義詳述

【財運】—可論吉。

【感情】—必論吉。

【身體】—可論吝。

【運勢】—必論吉。

大過之恆

邵康節【演義】—此爻成名之地。主在東北。能如所占。前往謀為。必定喜出望外。且為人所尊敬。一路榮華到白頭也。

必論問題關鍵

世爻資訊—四爻為靜爻丁亥《屋上土》

關鍵事件—成卦【坎為水】九五動爻丁酉《山下火》化庚申《石榴木》

易林取象—宜行賈市。所聚必倍。載喜抱子。與利為市。

坎初六—習坎。入于坎窞。凶。象曰。習坎入坎。失道凶也。

絕對吉凶論卦要義

吉凶事理敘作詩—枯楊生華離常道。震象多妄多無端。惟成恆道積有功。惟艮能定復榮華。

相應財情體運之吉凶悔吝論斷要義詳述

【財運】—有悔。

【感情】—必有悔。

【身體】—必論凶。

【運勢】—必論吉。

大過之姤

邵康節【演義】—此爻主一切謀為稱心遂意。仍須思患預防。勿少縱恣。與人交際。務當沉默寡言。勿以多言失敗。占此者須體其意而實行之。

必論問題關鍵

世爻資訊—四爻為靜爻丁亥《屋上土》

關鍵事件—成卦【兌為澤】上六動爻丁未《天河水》化壬戌《大海水》

易林取象—東鄉煩煩。相與笑言。子般鞭犖。圉人作患。

坎九二—坎有險。求小得。象曰。求小得。未出中也。

絕對吉凶論卦要義

吉凶事理敘作詩—過涉有凶行无咎。化乾有言主多失。明得姤卦陰陽和。預防得力諸事興。

相應財情體運之吉凶悔吝論斷要義詳述

【財運】—有悔。

【感情】—有悔。

【身體】—論吉。

【運勢】—可論吉。

坎之節

邵康節【演義】—此爻一切須自己主張。切莫聽旁人讒言。以至榮辱不分。依違兩可。墜茵墜溷。一念之差。占者能立定方針。庶幾庸中佼佼矣。

必論問題關鍵

世爻資訊—上爻為靜爻戊子《霹靂火》

關鍵事件—成卦【澤山咸】初六動爻戊寅《城頭土》化丁巳《沙中土》

易林取象—三河俱合。水怒踴躍。壞我王屋。民飢於食。

坎六三—來之坎坎。險且枕。入于坎窞。勿用。象曰。來之坎坎。終无功也。

絕對吉凶論卦要義

吉凶事理敘作詩—習坎之道必剛中。此心從兌多依違。必成節卦應無成。定心向志竟其功。

相應財情體運之吉凶悔吝論斷要義詳述

【財運】—論凶。

【感情】—論悔。

【身體】—必有悔。

【運勢】—論凶。

坎之比

邵康節【演義】—此爻主六畜多災。牧人受驚。農家占此。為害匪細。幸疫癘一時即退。家家始得安樂耳。

必論問題關鍵

世爻資訊—上爻為靜爻戊子《霹靂火》

關鍵事件—成卦【澤水困】九二動爻戊辰《大林木》化乙巳《覆燈火》

易林取象—禹鑿龍門。通利水泉。同注蒼海。民得安土。

坎六四—樽酒。簋貳。用缶。納約自牖。終无咎。象曰。樽酒簋貳。剛柔際也。

絕對吉凶論卦要義

吉凶事理敘作詩—坎有險難求小得。亟心化坤鄙吝生。知行相應成比道。仰仗真神定長安。

相應財情體運之吉凶悔吝論斷要義詳述

【財運】—必有悔。

【感情】—必論吉。

【身體】—有悔。

【運勢】—論吉。

坎之井

邵康節【演義】—此爻言人之迷悟。在與人有緣無緣。一失足成千古恨。再回頭是百年身。故覺悟須早。遲則不及。占者得此點指其速警醒也可。

必論問題關鍵

世爻資訊—上爻為靜爻戊子《霹靂火》

關鍵事件—成卦【天澤履】六三動爻戊午《天上火》化辛酉《石榴木》

易林取象—冠帶南遊。與福喜期。徼于嘉國。拜為逢時。

坎九五—坎不盈。祇既平。无咎。象曰。坎不盈。中未大也。

絕對吉凶論卦要義

吉凶事理敘作詩—來之坎坎勿用行。進退無果因從巽。終成井卦行自困。強執入迷豈言悟。

相應財情體運之吉凶悔吝論斷要義詳述

【財運】—必論凶。

【感情】—論凶。

【身體】—論凶。

【運勢】—必論凶。

坎之困

邵康節【演義】—此爻青雲得路。中有奇遇。百事如意。無往不利。天佑善人。合當如是。占之者吉。

必論問題關鍵

世爻資訊—上爻為靜爻戊子《霹靂火》

關鍵事件—成卦【風天小畜】六四動爻戊申《大驛土》化丁亥《屋上土》

易林取象—山沒丘浮。陸為水魚。燕雀無巢。民無室廬。

坎上六—係用徽纆。寘于叢棘。三歲不得。凶。象曰。上六失道。凶三歲也。

絕對吉凶論卦要義

吉凶事理敘作詩—坎道向吉由誠明。外果成兑言奇亨。雖成困象明善道。平步青雲應福臻。

相應財情體運之吉凶悔吝論斷要義詳述

【財運】—必論吉。

【感情】—論吉。

【身體】—論吉。

【運勢】—論吉。

坎之師

邵康節【演義】—此爻主前程遠大。急需奮發有為。早出早歸。得以優游林下。享盡人間之福。占者有後生可畏之象。然切勿自作聰明。勿為進銳退速而忽之。

必論問題關鍵

世爻資訊—上爻為靜爻戊子《霹靂火》

關鍵事件—成卦【風水渙】九五動爻戊戌《平地木》化癸亥《大海水》

易林取象—雷行相逐。無有休息。戰於平陸。為夷所覆。

離初九—履錯然。敬之无咎。象曰。履錯之敬。以辟咎也。

絕對吉凶論卦要義

吉凶事理敘作詩—習坎成德為不盈。坤象廣邑深遠行。既成師道有為象。枉作聰明須乾行。

相應財情體運之吉凶悔吝論斷要義詳述

【財運】—必論凶。

【感情】—有悔。

【身體】—論悔。

【運勢】—可論吉。

坎之渙

邵康節【演義】——此爻主奸邪迷惑。最工狐媚。甘言誘人。適投所好。卒乃身受其害。猶不自悟。占此者毋暱小人。毋近妖婦。羣邪絕迹。讒言不聞。則自無喪身之虞矣。

必論問題關鍵

世爻資訊——上爻為變爻戊子《霹靂火》

關鍵事件——成卦【山風蠱】上六動爻戊子《霹靂火》化辛卯《松柏木》

易林取象——三足孤烏。靈明督郵。司過罰惡。自賊其家。毀敗為憂。

離六二——黃離。元吉。象曰。黃離元吉。得中道也。

絕對吉凶論卦要義

吉凶事理敘作詩——陰柔無吉失坎道。巽象化成難知節。風水成渙言離散。持剛守正免招殃。

相應財情體運之吉凶悔吝論斷要義詳述

【財運】——必論凶。

【感情】——有吝。

【身體】——論凶。

【運勢】——論凶。

離之旅

邵康節【演義】—此爻勉人及鋒而試。毋自玩愒歲月。果能勇敢任事。艱難赴功。佳遇只在目前。占此者知機緣之失。間不容髮。而各自策厲也。

必論問題關鍵

世爻資訊—上爻為靜爻己巳《大林木》

關鍵事件—成卦【山天大畜】初九動爻己卯《城頭土》化丙辰《沙中土》

易林取象—公孫駕車。載遊東齊。延陵子產。遺季紵衣。疾病哀悲。

離九三—日昃之離。不鼓缶而歌。則大耋之嗟。凶。象曰。日昃之離。何可久也。

絕對吉凶論卦要義

吉凶事理敘作詩—履錯能明惟敬慎。此心由艮行有止。小亨得象離化旅。此時佳遇應乾行。

相應財情體運之吉凶悔吝論斷要義詳述

【財運】—必有悔。

【感情】—有悔。

【身體】—論凶。

【運勢】—可論吉。

離之大有

邵康節【演義】—此爻主隱居山林。視溷迹市朝。安穩多多。日中不見。靜夜巡行。喻獨清獨醒也。占此者毋拘拘於卦兩離之大言炎炎。以自取危亡也。

必論問題關鍵

世爻資訊—上爻為靜爻己巳《大林木》

關鍵事件—成卦【天山遯】六二動爻己丑《霹靂火》化甲寅《大溪水》

易林取象—大樹之子。同條共母。比至火中。枝葉盛茂。

離九四—突如其來如。焚如。死如。棄如。象曰。突如其來如。无所容也。

絕對吉凶論卦要義

吉凶事理敘作詩—黃離柔中是元吉。一陰化陽會乾坤。大有獨得遍地光。安穩來去靜夜明。

相應財情體運之吉凶悔吝論斷要義詳述

【財運】—必有吝。

【感情】—論凶。

【身體】—必論吉。

【運勢】—可論吉。

離之噬嗑

邵康節【演義】—此爻主人能勤苦。必然致富。但發跡須在西南方。否則無益。苟依所指點方向。坦然前去。他日定輦金歸也。占此者切勿徒執己見。故違往訓。

必論問題關鍵

世爻資訊—上爻為靜爻己巳《大林木》

關鍵事件—成卦【山水蒙】九三動爻己亥《平地木》化庚辰《白臘金》

易林取象—金城鐵郭。上下仝力。政平民歡。寇不敢賊。

離六五—出涕沱若。戚嗟若。吉。象曰。六五之吉。離王公也。

絕對吉凶論卦要義

吉凶事理敘作詩—日昃之離本昏蒙。此心從震動乾坤。噬嗑除災主亨象。惟坤能成富有得。

相應財情體運之吉凶悔吝論斷要義詳述

【財運】—必論吉。

【感情】—有悔。

【身體】—有悔。

【運勢】—論吉。

離之賁

邵康節【演義】──此爻示得而復失之象。鏡中花海底月均虛而非實。此亦似之。然設能兢兢業業克自保守。必不至坐失貽誚妙手空空也。占此者只須善提防之。

必論問題關鍵

世爻資訊──上爻為靜爻己巳《大林木》

關鍵事件──成卦【山澤損】九四動爻己酉《大驛土》化丙戌《屋上土》

易林取象──平公有疾。迎醫秦國。和不能知。晉人赴國。

離上九──王用出征。有嘉折首。獲匪其醜。无咎。象曰。王用出征。以正邦也。

絕對吉凶論卦要義

吉凶事理敘作詩──亟心剛暴難言容。離火化艮盡始終。復成賁象應無實。因果得失此心中。

相應財情體運之吉凶悔吝論斷要義詳述

【財運】──有吝。

【感情】──必論凶。

【身體】──可論吉。

【運勢】──論凶。

離之同人

邵康節【演義】—此爻主百事如意。大吉大利。營謀得志。功名神助。行人已歸。失物早還。六甲生男。婚姻成就。疾病即愈。占此者必喜無疑。

必論問題關鍵

世爻資訊—上爻為靜爻己巳《大林木》

關鍵事件—成卦【澤山咸】六五動爻己未《天上火》化壬申《劍鋒金》

易林取象—素車偽馬。不任重負。王侯出征。憂危為咎。

咸初六—咸其拇。象曰。咸其拇。志在外也。

絕對吉凶論卦要義

吉凶事理敘作詩—麗上有吉行離道。離火制乾信有孚。化得同人為亨象。萬事如心慶太平。

相應財情體運之吉凶悔吝論斷要義詳述

【財運】—必論吉。

【感情】—必論吉。

【身體】—論吉。

【運勢】—必論吉。

離之豐

邵康節【演義】—此爻明示時來運轉。後福無窮。然仍須積德行善感格天心。方能持久。占此當恪遵而實行之。

必論問題關鍵

世爻資訊—上爻為變爻己巳《大林木》

關鍵事件—成卦【山風蠱】上九動爻己巳《大林木》化庚戌《釵釧金》

易林取象—五利四福。俱佃居邑。黍稷盛茂。多獲高積。

咸六二—咸其腓。凶。居吉。象曰。雖凶居吉。順不害也。

絕對吉凶論卦要義

吉凶事理敘作詩—離道有終惟剛明。外果成震應龍行。明動相資見豐道。積善有德福泰來。

相應財情體運之吉凶悔吝論斷要義詳述

【財運】—論吉。

【感情】—論吉。

【身體】—有吝。

【運勢】—論吉。

咸之革

邵康節【演義】—此爻作事須有勇有謀。而又濟以定力。自能退惡煞。迎吉星。前程遠大。未可限量。占此者有諫果得回味之兆。

必論問題關鍵

世爻資訊—三爻為靜爻丙申《山下火》

關鍵事件—成卦【澤天夬】初六動爻丙辰《沙中土》化己卯《城頭土》

易林取象—朝鮮之地。箕子所保。宜家宜人。業處子孫。

咸九三—咸其股。執其隨。往吝。象曰。咸其股。亦不處也。志在隨人。所執下也。

絕對吉凶論卦要義

吉凶事理敘作詩—咸道必亨行有定。止心化離應戈兵。必成革卦必有孚。盡除凶道利前途。

相應財情體運之吉凶悔吝論斷要義詳述

【財運】—有悔。

【感情】—必有悔。

【身體】—必有悔。

【運勢】—論悔。

咸之大過

邵康節【演義】—此爻前半困苦。晚來安樂。然非歷盡艱辛受盡磨折。必不能際會風雲。致身顯達。此非常之業。每成於非常之人也。

必論問題關鍵

世爻資訊—三爻為靜爻丙申《山下火》

關鍵事件—成卦【山水蒙】六二動爻丙午《天河水》化辛亥《釵釧金》

易林取象—汎汎柏舟。流行不休。耿耿寤寐。公懷大憂。仁不遇時。退隱窮居。

咸九四—貞吉悔亡。憧憧往來。朋從爾思。象曰。貞吉悔亡。未感害也。憧憧往來。未光大也。

絕對吉凶論卦要義

吉凶事理敘作詩—識咸守中凶居吉。此心能巽春風迎。信成大過非常事。風雲散盡現光明。

相應財情體運之吉凶悔吝論斷要義詳述

【財運】—必論凶。

【感情】—論凶。

【身體】—有悔。

【運勢】—論凶。

咸之萃

邵康節【演義】—此爻人事變遷。世情難測。可喜之中。亦復可懼。若有人暗中指點。始可扶搖直上。顯其身手。惹勾連。戒招搖也。其垂象微矣。

必論問題關鍵

世爻資訊—三爻為變爻丙申《山下火》

關鍵事件—成卦【澤風大過】九三動爻丙申《山下火》化乙卯《大溪水》

易林取象—桀跖並處。民之愁苦。擁兵荷糧。戰於齊魯。合巹同牢。姬姜並居。

咸九五—咸其脢。无悔。象曰。咸其脢。志末也。

絕對吉凶論卦要義

吉凶事理敘作詩—隨心所欲非咸道。坤順廣納必主迷。聚得萃象多無端。幸得陰人引前程。

相應財情體運之吉凶悔吝論斷要義詳述

【財運】—有凶。

【感情】—可論吝。

【身體】—可論吝。

【運勢】—論凶。

咸之蹇

邵康節【演義】—此爻主小人道消。而後君子道長。故一去一入也。兩相猜。兩不相容也。獲麟下臺。功成身退也。占此者於謀為上。切勿貪戀。適可而止。庶合明哲保身之道。

必論問題關鍵

世爻資訊—三爻為靜爻丙申《山下火》

關鍵事件—成卦【風山漸】九四動爻丁亥《屋上土》化戊申《大驛土》

易林取象—天厭周德。命與南國。以禮靜民。兵革休息。

咸上六—咸其輔頰舌。象曰。咸其輔頰舌。滕口說也。

絕對吉凶論卦要義

吉凶事理敘作詩—咸道貞吉心為主。外象從坎應知節。終成蹇卦豈成事。謀事勿亟保身家。

相應財情體運之吉凶悔吝論斷要義詳述

【財運】—必有悔。

【感情】—必論凶。

【身體】—有悔。

【運勢】—可論吉。

咸之小過

邵康節【演義】—此爻得意不足喜。失意大可悲。後二句。喻事業本不可恃。更不堪蜚言之蜂起。否則有立脚不牢之虞。占此者須居安思危。免遭意外。

必論問題關鍵

世爻資訊—三爻為靜爻丙申《山下火》

關鍵事件—成卦【巽為風】九五動爻丁酉《山下火》化庚申《石榴木》

易林取象—驚雀銜茅。以生孚乳。昆弟六人。姣好悌孝。各同心願。和悅相樂。

恆初六—浚恆。貞凶。无攸利。象曰。浚恆之凶。始求深也。

絕對吉凶論卦要義

吉凶事理敘作詩—無感之道應無悔。震象无妄豈堅牢。小過從坎居險道。蜚言蜂起慎禍劫。

相應財情體運之吉凶悔吝論斷要義詳述

【財運】—必論凶。

【感情】—必有吝。

【身體】—論凶。

【運勢】—有凶。

咸之遯

邵康節【演義】—此爻主人有善念。天必相之。寄命託孤。何等重要。尚能毫不負人。宜康和之自樂也。占此者得知己之慶。有獲福之緣。

必論問題關鍵

世爻資訊—三爻為靜爻丙申《山下火》

關鍵事件—成卦【乾為天】上六動爻丁未《天河水》化壬戌《大海水》

易林取象—過時不歸。苦悲雄惟。徘徊外國。與母分離。

恆九二—悔亡。象曰。九二悔亡。能久中也。

絕對吉凶論卦要義

吉凶事理敘作詩—至咸之道非如實。此陰化陽應乎天。遯象能定信亨道。善念如心足友福。

相應財情體運之吉凶悔吝論斷要義詳述

【財運】—論吉。

【感情】—必論吉。

【身體】—可論吉。

【運勢】—論吉。

恆之大壯

邵康節【演義】—此爻鞭策惰者。不遺餘力。惰者始而懷安。自誤前程。終且因溺於女色之故。馴至詬誶日起。憤而出外避之。則何如及早黽勉。一反前之所為耶。

必論問題關鍵

世爻資訊—三爻為靜爻辛酉《石榴木》

關鍵事件—成卦【天澤履】初六動爻辛丑《壁上土》化甲子《海中金》

易林取象—朽根枯株。不生肌膚。病在心腹。日以焦勞。

恆九三—不恆其德。或承之羞。貞吝。象曰。不恆其德。无所容也。

絕對吉凶論卦要義

吉凶事理敘作詩—浚恆貞凶在亟心。嗜欲求得巽化乾。是得大壯尋無端。惰者無明誤前程。

相應財情體運之吉凶悔吝論斷要義詳述

【財運】—必論凶。

【感情】—可論吝。

【身體】—論凶。

【運勢】—論凶。

恆之小過

邵康節【演義】—此爻有喜無憂。有得無失。名利雙收。出行安穩。尊榮安樂。無不具備。占之大吉。

必論問題關鍵

世爻資訊—三爻為靜爻辛酉《石榴木》

關鍵事件—成卦【山天大畜】九二動爻辛亥《釵釧金》化丙午《天河水》

易林取象—疊疊壘壘。如其之室。一身十子。古公治邑。

恆九四—田无禽。象曰。久非其位。安得禽也。

絕對吉凶論卦要義

吉凶事理敘作詩—恆道之利久居中。巽心化艮喜為定。終成小過能大吉。萬事成就應如心。

相應財情體運之吉凶悔吝論斷要義詳述

【財運】—必論吉。

【感情】—論吉。

【身體】—必論吉。

【運勢】—有悔。

恆之解

邵康節【演義】—此爻謀為全虛。百無一得。正合勞而無功一語。必交辰寅。方能漸有轉機。此命數前定也。占者可勿強求。

必論問題關鍵

世爻資訊—三爻為變爻辛酉《石榴木》

關鍵事件—成卦【山水蒙】九三動爻辛酉《石榴木》化戊午《天上火》

易林取象—鳥飛無翼。兔走折足。雖不會同。未得醫工。

恆六五—恆其德貞。婦人吉。夫子凶。象曰。婦人貞吉。從一而終也。夫子制義。從婦凶也。

絕對吉凶論卦要義

吉凶事理敘作詩—風從雷象無恆德。亟心強執坎道成。幸得解卦理順德。有為行志應虎龍。

相應財情體運之吉凶悔吝論斷要義詳述

【財運】—有吝。

【感情】—論凶。

【身體】—論悔。

【運勢】—論凶。

恆之升

邵康節【演義】—此爻乍喜乍悲。朋從爾思。目前不過平平。不久更交鴻運。全在人好自為之。占者惟有克己復禮。堅持到底。靜以待之。

必論問題關鍵

世爻資訊—三爻為靜爻辛酉《石榴木》

關鍵事件—成卦【澤山咸】九四動爻庚午《路旁土》化癸丑《桑拓木》

易林取象—三狸捕鼠。遮遏前後。死於壞城。不得脫走。

恆上六—振恆。凶。象曰。振恆在上。大无功也。

絕對吉凶論卦要義

吉凶事理敘作詩—恆道失常田无禽。外象成坤相應仁。終成升道元亨象。堅定有成勿憂虞。

相應財情體運之吉凶悔吝論斷要義詳述

【財運】—必有悔。

【感情】—可論吉。

【身體】—有悔。

【運勢】—必有悔。

恆之大過

邵康節【演義】—此爻主飽受虛驚。大有八公山上。草木皆兵之象。及時過境遷。方得確信。則已晚矣。月斜雲淡。魚更四躍之時也。占之不吉。

必論問題關鍵

世爻資訊—三爻為靜爻辛酉《石榴木》

關鍵事件—成卦【坎為水】六五動爻庚申《石榴木》化丁酉《山下火》

易林取象—重或射卒。不知所定。質疑蓍龜。熟可避大。明神報答。告以肌如。

遯初六—遯尾厲。勿用有攸往。象曰。遯尾之厲。不往何災也。

絕對吉凶論卦要義

吉凶事理敘作詩—柔中應恆非陽道。兌象從悅不為能。復成大過無常業。亟心无妄志難成。

相應財情體運之吉凶悔吝論斷要義詳述

【財運】—論凶。

【感情】—論凶。

【身體】—有凶。

【運勢】—論凶。

恆之鼎

邵康節【演義】——此爻占訟不利。謀事失敗。走失難尋。出行遇險。六甲有驚。占病作祟。求財折本。遷移不吉。家宅不甯。占此者主凶。惟修德可禳之。

必論問題關鍵

世爻資訊——三爻為靜爻辛酉《石榴木》

關鍵事件——成卦【山澤損】上六動爻庚戌《釵釧金》化己巳《大林木》

易林取象——騋牝龍身。日取三千。南上蒼梧。與福為婚。道里夷易。身安無患。

遯六二——執之用黃牛之革。莫之勝說。象曰。執用黃牛。固志也。

絕對吉凶論卦要義

吉凶事理敘作詩——振恆之道惟有凶。離坎象錯陰陽行。必成鼎卦應取新。反身修德除耗災。

相應財情體運之吉凶悔吝論斷要義詳述

【財運】——論凶。

【感情】——必有悔。

【身體】——必有吝。

【運勢】——有凶。

遯之同人

邵康節【演義】—此爻主君子賢人。名望所歸。即使眾口鑠金。終不能埋沒其真材實學。歸元朝洞。正以喻泰斗之足令人景仰也。

必論問題關鍵

世爻資訊—二爻為靜爻丙午《天河水》

關鍵事件—成卦【澤天夬】初六動爻丙辰《沙中土》化己卯《城頭土》

易林取象—入市求鹿。不見頭足。終日至夜。竟無所得。

遯九三—繫遯。有疾厲。畜臣妾吉。象曰。繫遯之厲。有疾憊也。畜臣妾吉。不可大事也。

絕對吉凶論卦要義

吉凶事理敘作詩—天下有山名遯象。艮象出離是文明。是得同人應明德。定心修持顯光明。

相應財情體運之吉凶悔吝論斷要義詳述

【財運】—必有悔。

【感情】—必有悔。

【身體】—有悔。

【運勢】—論吉。

遯之姤

邵康節【演義】—般樂怠放。失業之源。宴安酖毒。失時之本。行事須早。切莫因循。急起直追。攸往咸利。占得此爻。飛黃騰達。可為預賀。

必論問題關鍵

世爻資訊—二爻為變爻丙午《天河水》

關鍵事件—成卦【山水蒙】六二動爻丙午《天河水》化辛亥《釵釧金》

易林取象—陳媯敬仲。兆興齊姜。乃適營丘。八世大昌。

遯九四—好遯。君子。吉。小人。否。象曰。君子好遯。小人否也。

絕對吉凶論卦要義

吉凶事理敘作詩—遯道能執惟中順。亟心從巽向分明。應成姤象興萬事。欲求志成必乾行。

相應財情體運之吉凶悔吝論斷要義詳述

【財運】—有悔。

【感情】—有悔。

【身體】—必論吉。

【運勢】—論吉。

遯之否

邵康節【演義】—此爻有大覺大悟。普渡眾生之義。引人登彼岸。自身入仙班。言為人謀忠。己必不沉淪在下。行善事者。自獲喜報。百不失一。

必論問題關鍵

世爻資訊—二爻為靜爻丙午《天河水》

關鍵事件—成卦【澤風大過】九三動爻丙申《山下火》化乙卯《大溪水》

易林取象—海老水乾。魚鱉盡索。藁落无潤。獨有沙石。

遯九五—嘉遯。貞吉。象曰。嘉遯貞吉。以正志也。

絕對吉凶論卦要義

吉凶事理敘作詩—係遯有疾必維心。此心從坤厚積德。上天下地行否道。行善無求斬業緣。

相應財情體運之吉凶悔吝論斷要義詳述

【財運】—論凶。

【感情】—論凶。

【身體】—論吉。

【運勢】—論吉。

遯之漸

邵康節【演義】──此爻主輕信人言。優柔寡斷。以坐井觀天之見。為捕風捉影之事。故幾致喪身。占此爻者。可不戒歟。

必論問題關鍵

世爻資訊──二爻為靜爻丙午《天河水》

關鍵事件──成卦【天水訟】九四動爻壬午《楊柳木》化辛未《路旁土》

易林取象──端坐生患。憂來入門。使我不安。

遯上九──肥遯。无不利。象曰。肥遯无不利。无所疑也。

絕對吉凶論卦要義

吉凶事理敘作詩──好遯之道必知節。巽象論果是無成。因循蹈禍知為漸。定心有知見青天。

相應財情體運之吉凶悔吝論斷要義詳述

【財運】──必有吝。

【感情】──論凶。

【身體】──論凶。

【運勢】──可論吝。

遯之旅

邵康節【演義】—此爻示人既凡百稱心遂意。便當及時行樂。不可仍不知足。今日因某事許願。明日又為某事求禱。以干瀆神明也。惟修身以行善可已。

必論問題關鍵

世爻資訊—二爻為靜爻丙午《天河水》

關鍵事件—成卦【天風姤】九五動爻壬申《劍鋒金》化己未《天上火》

易林取象—疏足息肩。有所忌難。金城鐵廓。以銅為關。藩屏自衛。安上無患。

大壯初九—壯于趾。征凶有孚。象曰。壯于趾。其孚窮也。

絕對吉凶論卦要義

吉凶事理敘作詩—嘉遯貞吉主無私。離象為道多光明。是得旅象行有止。養性修真心能安。

相應財情體運之吉凶悔吝論斷要義詳述

【財運】—有吝。

【感情】—論凶。

【身體】—有吝。

【運勢】—必論凶。

遯之咸

邵康節【演義】—玄機不玄。道本中庸。聖賢仙佛。只是行中庸之道。遂為千百世所景仰。常人欲上仙梯。何難之有。慎勿謂玄機隱微。甘居人後也。

必論問題關鍵

世爻資訊—二爻為靜爻丙午《天河水》

關鍵事件—成卦【乾為天】上九動爻壬戌《大海水》化丁未《天河水》

易林取象—野有積庾。穡人駕取。不逢虎狼。暮歸其宇。

大壯九二—貞。吉。象曰。九二貞吉。以中也。

絕對吉凶論卦要義

吉凶事理敘作詩—肥遯大利應無執。外果成兌喜同心。天地有感定咸象。中庸在手上天梯。

相應財情體運之吉凶悔吝論斷要義詳述

【財運】—必有悔。

【感情】—論吉。

【身體】—論悔。

【運勢】—必論吉。

大壯之恆

邵康節【演義】—此爻主餘夏間得志。從此隆隆日上。福澤正無涯矣。占得此者。大吉大利。無不咸宜。

必論問題關鍵

世爻資訊—四爻為靜爻庚午《路旁土》

關鍵事件—成卦【風澤中孚】初九動爻甲子《海中金》化辛丑《壁上土》

易林取象—東壁餘光。數暗不明。主母嫉妒。亂我業事。

大壯九三—小人。用壯。君子。用罔。貞厲。羝羊觸藩。羸其角。象曰。小人用壯。君子罔也。

絕對吉凶論卦要義

吉凶事理敘作詩—大壯之道全利貞。亟心成異志分明。必成恆象行深遠。祿馬福臻是大吉。

相應財情體運之吉凶悔吝論斷要義詳述

【財運】—必論吉。

【感情】—論吉。

【身體】—論悔。

【運勢】—必論吉。

大壯之豐

邵康節【演義】—此爻行人不能即歸。謀事尚無一定。音信阻滯。欲有分曉。尚非其時。然不久即可乘破竹之勢。迎刃而解矣。占者須少安毋躁。

必論問題關鍵

世爻資訊—四爻為靜爻庚午《路旁土》

關鍵事件—成卦【風水渙】九二動爻甲寅《大溪水》化己丑《霹靂火》

易林取象—顧念所生。隔在東平。遭離滿沸。河川決潰。幸得无恙。復歸相室。

大壯九四—貞吉悔亡。藩決不羸。壯于大輿之輹。象曰。藩決不羸。尚往也。

絕對吉凶論卦要義

吉凶事理敘作詩—履謙不亢以貞吉。有孚其道因象離。終成豐卦須勿憂。日中有信見光明。

相應財情體運之吉凶悔吝論斷要義詳述

【財運】—必有悔。

【感情】—必論吉。

【身體】—可論吉。

【運勢】—可論吉。

大壯之歸妹

邵康節【演義】—此爻諸事無甚希望。雖胸無主見。亦緣時機難逢。不如沈靜思慮。伏處田園。轉覺无咎。占者慎之。

必論問題關鍵

世爻資訊—四爻為靜爻庚午《路旁土》

關鍵事件—成卦【巽為風】九三動爻甲辰《覆燈火》化丁丑《澗下水》

易林取象—五烏六鴟。相對蹲跂。禮讓不興。虞芮爭訟。

大壯六五—喪羊于易。无悔。象曰。喪羊于易。位不當也。

絕對吉凶論卦要義

吉凶事理敘作詩—大壯亟心必自困。此因成兑主貪求。終究歸妹无攸利。知行有止保長安。

相應財情體運之吉凶悔吝論斷要義詳述

【財運】—有凶。

【感情】—必論凶。

【身體】—有吝。

【運勢】—有凶。

大壯之泰

邵康節【演義】─此爻處境平順。惜尚無美滿之望。必逢辰年。或屬龍之人。或更有吉慶之事臨門。靜以俟之可也。

必論問題關鍵

世爻資訊─四爻為變爻庚午《路旁土》

關鍵事件─成卦【風天小畜】九四動爻庚午《路旁土》化癸丑《桑拓木》

易林取象─眾惡之堂。相聚為殃。出毒良人。使道不通。

大壯上六─羝羊觸藩。不能退。不能遂。无攸利。艱則吉。象曰。不能退。不能遂。不詳也。艱則吉。咎不長也。

絕對吉凶論卦要義

吉凶事理敘作詩─大壯于行剛柔契。龍象化坤順道行。必成泰象明吉道。逢辰有慶事能圓。

相應財情體運之吉凶悔吝論斷要義詳述

【財運】─論吉。

【感情】─有悔。

【身體】─論悔。

【運勢】─論吉。

大壯之夬

邵康節【演義】—此爻主胡思亂想。癡人說夢。事非經過不知艱難。然亦非終老牖下也。順遂當在晚年耳。占之者盍勉之。

必論問題關鍵

世爻資訊—四爻為靜爻庚午《路旁土》

關鍵事件—成卦【艮為山】六五動爻庚申《石榴木》化丁酉《山下火》

易林取象—桃李花實。累累日息。長大成熟。甘美可食。為我利福。

晉初六—晉如摧如。貞吉。罔孚。裕无咎。象曰。晉如摧如。獨行正也。裕无咎。未受命也。

絕對吉凶論卦要義

吉凶事理敘作詩—喪羊于易无悔道。亟心從兑豈相得。是成夬卦須施祿。春秋歷盡順晚年。

相應財情體運之吉凶悔吝論斷要義詳述

【財運】—有凶。

【感情】—有凶。

【身體】—有凶。

【運勢】—必論凶。

大壯之大有

邵康節【演義】—此爻逢凶化吉。遇難成祥。禍之適以福之。故營求之事。立可成功。占者切勿因悠悠之口。自反退縮。貽誤畢生。

必論問題關鍵

世爻資訊—四爻為靜爻庚午《路旁土》

關鍵事件—成卦【天風姤】上六動爻庚戌《釵釧金》化己巳《大林木》

易林取象—褒后生蛇。經老皆微。追跌衰光。酒滅黃離。

晉六二—晉如愁如。貞吉。受茲介福。于其王母。象曰。受茲介福。以中正也。

絕對吉凶論卦要義

吉凶事理敘作詩—大壯之極志須艱。離象水火險象來。終得大有皆成志。化凶成吉樂開懷。

相應財情體運之吉凶悔吝論斷要義詳述

【財運】—必有悔。

【感情】—可論吉。

【身體】—必有悔。

【運勢】—可論吉。

晉之噬嗑

邵康節【演義】—此爻有革故鼎新。昨非今是之象。從前所如輙阻。今則一片坦途。放懷馳驟。頭頭是道。占得此爻。預卜苦盡甘來。漸入蔗境。

必論問題關鍵

世爻資訊—四爻為靜爻己酉《大驛土》

關鍵事件—成卦【山天大畜】初六動爻乙未《沙中金》化庚子《壁上土》

易林取象—大尾小頭。重不可搖。上弱下強。陰制其雄。

晉六三—眾允。悔亡。象曰。眾允之。志上行也。

絕對吉凶論卦要義

吉凶事理敘作詩—明道為晉步康衢。從震化龍利前行。動明具象為噬嗑。災星既過不復來。

相應財情體運之吉凶悔吝論斷要義詳述

【財運】—可論吉。

【感情】—可論吉。

【身體】—必有悔。

【運勢】—論吉。

晉之未濟

邵康節【演義】—此爻主憂患紛來。口舌叢至。官司不直。行人無信。交易失敗。六甲不安。飽受虛驚。故來惡夢。務以謹防為是。

必論問題關鍵

世爻資訊—四爻為靜爻己酉《大驛土》

關鍵事件—成卦【天水訟】六二動爻乙巳《覆燈火》化戊辰《大林木》

易林取象—邑兵衛師。如轉蓬時。居之危凶。

晉九四—晉如鼫鼠。貞厲。象曰。鼫鼠貞厲。位不當也。

絕對吉凶論卦要義

吉凶事理敘作詩—晉如愁如非其時。從坎行憂無得寧。無方未濟窮無道。謹守中正待天明。

相應財情體運之吉凶悔吝論斷要義詳述

【財運】—必論凶。

【感情】—論凶。

【身體】—必論凶。

【運勢】—有凶。

晉之旅

邵康節【演義】—世事盡在不言中。白雲蒼狗本奇幻。惟達者勘透炎涼之態。識破冷暖之情。占此爻者。應有張季鷹蓴鱸之思。不必求謀矣。

必論問題關鍵

世爻資訊—四爻為靜爻己酉《大驛土》

關鍵事件—成卦【風澤中孚】六三動爻乙卯《大溪水》化丙申《山下火》

易林取象—東行西維。南北善迷。逐旅失群。亡我襦衣。

晉六五—悔亡。失得勿恤。往吉无不利。象曰。失得勿恤。往有慶也。

絕對吉凶論卦要義

吉凶事理敘作詩—順上向明宜悔亡。迷象化艮止無行。且逢旅卦形孤寡。世道炎涼識無情。

相應財情體運之吉凶悔吝論斷要義詳述

【財運】—必論凶。

【感情】—必有吝。

【身體】—論凶。

【運勢】—必有吝。

晉之剝

邵康節【演義】—重耳復國。小白主盟。勞苦功高。天降大任。驅馳西北。發跡之地。衣錦榮歸。顧盼自喜。此英雄本色也。占此者宜效之則之。

必論問題關鍵

世爻資訊—四爻為變爻己酉《大驛土》

關鍵事件—成卦【天風姤】九四動爻己酉《大驛土》化丙戌《屋上土》

易林取象—天命玄鳥。下生大商。造定四表。享國久長。

晉上九—晉其角。維用伐邑。厲吉无咎。貞吝。象曰。維用伐邑。道未光也。

絕對吉凶論卦要義

吉凶事理敘作詩—康侯有定行進退。離果化艮險道成。終成剝象能為復。明道行艮承天任。

相應財情體運之吉凶悔吝論斷要義詳述

【財運】—必論凶。

【感情】—必論凶。

【身體】—可論吉。

【運勢】—論凶。

晉之否

邵康節【演義】──此爻久困下位。意緒無聊。宛如醉生夢死。忽佳信傳來。即活潑潑地。若列子御風而行。占此者亦先憂後樂之兆也。

必論問題關鍵

世爻資訊──四爻為靜爻己酉《大驛土》

關鍵事件──成卦【風天小畜】六五動爻己未《天上火》化壬申《劍鋒金》

易林取象──北風寒涼。雨雪益冰。憂思不樂。哀悲傷心。

明夷初九──明夷于飛。垂其翼。君子于行。三日不食。有攸往。主人有言。象曰。君子于行。義不食也。

絕對吉凶論卦要義

吉凶事理敘作詩──失得勿恤體至公。一陰從陽震乾行。天地相承應否象。先憂後樂御風行。

相應財情體運之吉凶悔吝論斷要義詳述

【財運】──有悔。

【感情】──論悔。

【身體】──必有悔。

【運勢】──必論吉。

晉之豫

邵康節【演義】—此爻非難非易。故歡笑無常。然波瀾之起。出於意外。卒之有難無易。歡即是苦。笑即是哭。事雖必成，必費盡心力矣。

必論問題關鍵

世爻資訊—四爻為靜爻己酉《大驛土》

關鍵事件—成卦【天水訟】上九動爻己巳《大林木》化庚戌《釵釧金》

易林取象—桑華腐蠹。衣弊如絡。女功不成。絲布為玉。

明夷六二—明夷。夷于左股。用拯馬壯。吉。象曰。六二之吉。順以則也。

絕對吉凶論卦要義

吉凶事理敘作詩—晉道至極非為常。震象無端惹波瀾。必得豫象諸事情。事或能成磨心腸。

相應財情體運之吉凶悔吝論斷要義詳述

【財運】—論凶。

【感情】—論凶。

【身體】—有悔。

【運勢】—論凶。

明夷之謙

邵康節【演義】—此爻極宜遠行。並主得扶助。崎嶇歷盡。直達亨衢。占者切勿依戀故土。

必論問題關鍵

世爻資訊—四爻為靜爻癸丑《桑拓木》

關鍵事件—成卦【水山蹇】初九動爻己卯《城頭土》化丙辰《沙中土》

易林取象—狼虎所宅。不可以居。為我患憂。

明夷九三—明夷于南狩。得其大首。不可疾貞。象曰。南狩之志。乃大得也。

絕對吉凶論卦要義

吉凶事理敘作詩—明夷有道必艱貞。此心從艮立虎勳。是成謙象必有終。知心萬里啓前程。

相應財情體運之吉凶悔吝論斷要義詳述

【財運】—必有悔。

【感情】—必有悔。

【身體】—論凶。

【運勢】—必論吉。

明夷之泰

邵康節【演義】—此爻事事如意，在在安身，占問一切均稱吉利，占之者不必少存疑慮也。

必論問題關鍵

世爻資訊—四爻為靜爻癸丑《桑拓木》

關鍵事件—成卦【山水蒙】六二動爻己丑《霹靂火》化甲寅《大溪水》

易林取象—切切之患。凶憂不成。虎不敢齧。利當我身。

明夷六四—入于左腹。獲明夷之心。于出。門庭。象曰。入于左腹。獲心意也。

絕對吉凶論卦要義

吉凶事理敘作詩—居中得正現文明。離心化乾足為能。陰陽相得必成泰。事事如心免掛懷。

相應財情體運之吉凶悔吝論斷要義詳述

【財運】—必論吉。

【感情】—可論吉。

【身體】—有悔。

【運勢】—可論吉。

明夷之復

邵康節【演義】—此爻亦主平步青雲。為官則官僚同心。為商則賓主一德。為農則夫耕婦饁。為工則通力合作。占之大吉。

必論問題關鍵

世爻資訊—四爻為靜爻癸丑《桑拓木》

關鍵事件—成卦【水風井】九三動爻己亥《平地木》化庚辰《白臘金》

易林取象—偽言妄語。轉相詿誤。不知狼處。

明夷六五—箕子之明夷。利貞。象曰。箕子之貞。明不可息也。

絕對吉凶論卦要義

吉凶事理敘作詩—南狩之志大有得。震艮相綜龍虎象。平步青雲復其道。文武和同能大吉。

相應財情體運之吉凶悔吝論斷要義詳述

【財運】—論吉。

【感情】—論吉。

【身體】—可論吝。

【運勢】—論吉。

明夷之豐

邵康節【演義】—此爻言勇不足恃。富不可保。立身之道在德不在勇。守身之道在仁不在富。占者但自辨之可矣。

必論問題關鍵

世爻資訊—四爻為變爻癸丑《桑拓木》

關鍵事件—成卦【澤水困】六四動爻癸丑《桑拓木》化庚午《路旁土》

易林取象—日月之途。所行必到。无凶无咎。安寧不殆。

明夷上六—不明晦。初登于天。後入于地。象曰。初登于天。照四國也。後入于地。失則也。

絕對吉凶論卦要義

吉凶事理敘作詩—明夷此心非為道。外象主震事難明。且成豐象必多故。仁德為道理自明。

相應財情體運之吉凶悔吝論斷要義詳述

【財運】—論凶。

【感情】—有凶。

【身體】—論凶。

【運勢】—必論凶。

明夷之既濟

邵康節【演義】—此爻先憂後樂。少年得志。衣錦還鄉。人情大抵如是。占之者吉。

必論問題關鍵

世爻資訊—四爻為靜爻癸丑《桑拓木》

關鍵事件—成卦【水風井】六五動爻癸亥《大海水》化戊戌《平地木》

易林取象—湧泉滈滈。南流不絕。卒為江海。敗壞邑里。家無所處。將帥襲戰。獲其醜虜。

家人初九—閑有家。悔亡。象曰。閑有家。志未變也。

絕對吉凶論卦要義

吉凶事理敘作詩—箕子明夷行于貞。坎象行險光明道。既濟有定行自安。將來有成錦還鄉。

相應財情體運之吉凶悔吝論斷要義詳述

【財運】—有悔。

【感情】—可論吉。

【身體】—論凶。

【運勢】—可論吉。

明夷之賁

邵康節【演義】—此爻火者。焦思也。水者。財利也。源遠流長多之至也。占之者主大富。

必論問題關鍵

世爻資訊—四爻為靜爻癸丑《桑拓木》

關鍵事件—成卦【山天大畜】上六動爻癸酉《劍鋒金》化丙寅《爐中火》

易林取象—光禮春成。陳寶雞鳴。陽明失道。不能自守。消亡為咎。

家人六二—无攸遂。在中饋。貞吉。象曰。六二之吉。順以巽也。

絕對吉凶論卦要義

吉凶事理敘作詩—明夷至極復為晉。外果從艮皆光明。是成賁象形多彩。相應成富源流長。

相應財情體運之吉凶悔吝論斷要義詳述

【財運】—必論吉。

【感情】—必有悔。

【身體】—可論吉。

【運勢】—論吉。

家人之漸

邵康節【演義】—此爻有出幽谷遷喬木之象。雙燕銜書。喜信至也。太公授竿而為尚父。子陵去磯而為帝師。即後二句意。占之者主有風雲際會之望。

必論問題關鍵

世爻資訊—二爻為靜爻己丑《霹靂火》

關鍵事件—成卦【澤風大過】初九動爻己卯《城頭土》化丙辰《沙中土》

易林取象—執斧破薪。使媒求婦。和合二姓。親御斯酒。居比鄰里。姑公悅喜。

家人九三—家人嗃嗃。悔厲吉。婦子嘻嘻。終吝。象曰。家人嗃嗃。未失也。婦子嘻嘻。失家節也。

絕對吉凶論卦要義

吉凶事理敘作詩—家人之道利女貞。此心化艮方為能。是成漸象德積累。風雲交會喜慶來。

相應財情體運之吉凶悔吝論斷要義詳述

【財運】—可論吉。

【感情】—必有悔。

【身體】—有悔。

【運勢】—有悔。

家人之小畜

邵康節【演義】—此爻似難實易。只須實力做去。不愁無從攀折。天上明月。乃出人間。可知苦行之人。必不徒勞。占者務體此意。躬行實踐。以策後效。

必論問題關鍵

世爻資訊—二爻為變爻己丑《霹靂火》

關鍵事件—成卦【風澤中孚】六二動爻己丑《霹靂火》化甲寅《大溪水》

易林取象—杲杲白日。為月所食。損上毀下。鄭昭出走。

家人六四—富家大吉。象曰。富家大吉。順在位也。

絕對吉凶論卦要義

吉凶事理敘作詩—柔中得正无攸遂。離火化乾自為能。小畜是亨須行恆。緩步踏實必有成。

相應財情體運之吉凶悔吝論斷要義詳述

【財運】—必論吉。

【感情】—有悔。

【身體】—論吉。

【運勢】—論吉。

家人之益

邵康節【演義】—此爻主進退出入雖由前定。然出關而佳音至。是遠行之利己也。男子志在四方。占者切勿戀家。

必論問題關鍵

世爻資訊—二爻為靜爻己丑《霹靂火》

關鍵事件—成卦【澤天夬】九三動爻己亥《平地木》化庚辰《白臘金》

易林取象—天馬五道。炎火分處。往來上下。住又駒亡。衣柔巾麻。相隨哭歌。凶惡如何。

家人九五—王假有家。勿恤吉。象曰。王假有家。交相愛也。

絕對吉凶論卦要義

吉凶事理敘作詩—過剛失中知無節。從震為妄難自安。復成益象應其道。行方志遠是光明。

相應財情體運之吉凶悔吝論斷要義詳述

【財運】—有悔。

【感情】—可論吉。

【身體】—論悔。

【運勢】—有悔。

家人之同人

邵康節【演義】—此爻明言一旦得志。人皆刮目相看。視昔受人奚落時。天淵相判。殺牛祭神。謝天之義。占者當知餘慶全在積善。否則難成全也。

必論問題關鍵

世爻資訊—二爻為靜爻己丑《霹靂火》

關鍵事件—成卦【山澤損】六四動爻辛未《路旁土》化壬午《楊柳木》

易林取象—擊鼓合戰。士怯叛亡。威令不行。敗我成功。

家人上九—有孚威如。終吉。象曰。威如之吉。反諸身也。

絕對吉凶論卦要義

吉凶事理敘作詩—富家大吉巽象全。此巽化乾成艱難。同人本象能大有。積善施功必得圓。

相應財情體運之吉凶悔吝論斷要義詳述

【財運】—可論吉。

【感情】—論悔。

【身體】—必有吝。

【運勢】—論悔。

家人之賁

邵康節【演義】—此爻首句平安。次句兄弟拆散。三句妻室喪亡。末句主被水災。禍患臨頭。夢想不到。占者速自修省。庶幾菑不逮夫身也。

必論問題關鍵

世爻資訊—二爻為靜爻己丑《霹靂火》

關鍵事件—成卦【天山遯】九五動爻辛巳《白臘金》化丙子《澗下水》

易林取象—畫龍頭頸。文章不成。甘言美語。詭辭無名。

睽初九—悔亡。喪馬勿逐自復。見惡人无咎。象曰。見惡人。以辟咎也。

絕對吉凶論卦要義

吉凶事理敘作詩—勿恤其家道無常。巽從虎象災劫生。賁主家人無圓滿。亟心修省渡難關。

相應財情體運之吉凶悔吝論斷要義詳述

【財運】—必論凶。

【感情】—論凶。

【身體】—必論凶。

【運勢】—論凶。

家人之既濟

邵康節【演義】—此爻主家庭不睦。兄弟鬩牆。夫妻反目。皆以己貧賤故也。一旦朱衣點頭。博得功名。衣錦還鄉。家人乃笑顏相向。占者勿怪人情勢利。自勉焉而已。

必論問題關鍵

世爻資訊—二爻為靜爻己丑《霹靂火》

關鍵事件—成卦【天風姤】上九動爻辛卯《松柏木》化戊子《霹靂火》

易林取象—播天舞地。嘵亂神所。居樂无咎。

睽九二—遇主于巷。无咎。象曰。遇主于巷。未失道也。

絕對吉凶論卦要義

吉凶事理敘作詩—家人之終明吉道。外象從坎主多悲。既濟有定陰陽和。自立自重明道行。

相應財情體運之吉凶悔吝論斷要義詳述

【財運】—必有吝。

【感情】—必論凶。

【身體】—必有吝。

【運勢】—必論凶。

睽之未濟

邵康節【演義】—此爻言運未至無可強求。時已交。不容堅拒。秋後信來。當在一陽生時。既入順境。回想從前。不免今昔之感。故末句云云。占之者有上達之望。

必論問題關鍵

世爻資訊—四爻為靜爻己酉《大驛土》

關鍵事件—成卦【水天需】初九動爻丁巳《沙中土》化戊寅《城頭土》

易林取象—生宜地乳。上皇大喜。隆我祉福。貴壽无極。

睽六三—見輿曳。其牛掣。其人天且劓。无初有終。象曰。見輿曳。位不當也。无初有終。遇剛也。

絕對吉凶論卦要義

吉凶事理敘作詩—不立異同始睽道。亟心化坎理自明。復成未濟以定方。一陽復生喜訊來。

相應財情體運之吉凶悔吝論斷要義詳述

【財運】—有悔。

【感情】—論悔。

【身體】—論凶。

【運勢】—論吉。

睽之噬嗑

邵康節【演義】——此爻勸人首須知足。惟知足乃得保其始終。亦惟知足方能守其成局。月有缺圓。花有開謝。循環往復之道也。占之者亦如之。

必論問題關鍵

世爻資訊——四爻為靜爻己酉《大驛土》

關鍵事件——成卦【坎為水】九二動爻丁卯《爐中火》化庚寅《松柏木》

易林取象——以處不安。從反觸患。

睽九四——睽孤。遇元夫。交孚。厲无咎。象曰。交孚无咎。志行也。

絕對吉凶論卦要義

吉凶事理敘作詩——委曲相求以善道。此心由震多無端。噬嗑自食亦亨道。知足无妄終得圓。

相應財情體運之吉凶悔吝論斷要義詳述

【財運】——有凶。

【感情】——有吝。

【身體】——必有吝。

【運勢】——必有吝。

睽之大有

邵康節【演義】──此爻主團圓和合。無憂無慮。福祿綿綿。永保無疆。占之者安居樂業。可一生喫著不盡。

必論問題關鍵

世爻資訊──四爻為靜爻己酉《大驛土》

關鍵事件──成卦【巽為風】六三動爻丁丑《澗下水》化甲辰《覆燈火》

易林取象──狐狸雉兔。畏人逃去。分走竄匿。不知所處。

睽六五──悔亡。厥宗噬膚。往何咎。象曰。厥宗噬膚。往有慶也。

絕對吉凶論卦要義

吉凶事理敘作詩──無初有終象睽道。一陰復乾知能圓。終成大有元亨象。安居福祿喜有年。

相應財情體運之吉凶悔吝論斷要義詳述

【財運】──論吉。

【感情】──必論吉。

【身體】──有悔。

【運勢】──必論吉。

睽之損

邵康節【演義】—此爻示回心向善。坦白無私之象。開花。始也。結果。終也。未善始而能善終。故亦不足慮矣。占之者。幸勿以是而自餒。

必論問題關鍵

世爻資訊—四爻為變爻己酉《大驛土》

關鍵事件—成卦【風山漸】九四動爻己酉《大驛土》化丙戌《屋上土》

易林取象—天戶東墟。盡既為災。跰蹊黯聾。秦伯受殃。

睽上九—睽孤。見豕負塗。載鬼一車。先張之弧。後說之弧。匪寇婚媾。往遇雨則吉。象曰。遇雨之吉。羣疑亡也。

絕對吉凶論卦要義

吉凶事理敘作詩—志行其道非主睽。此果化艮必光明。雖成損象無為憂。回首无妄保善終。

相應財情體運之吉凶悔吝論斷要義詳述

【財運】—論吉。

【感情】—必有悔。

【身體】—必有悔。

【運勢】—必論吉。

睽之履

邵康節【演義】—此爻主一子下錯。全盤俱錯。人生世上。第一在得人心。得人心多助。失人心寡助。若處世接物。昧於扼要之道。勢必至全功盡棄。占之者宜慎之。

必論問題關鍵

世爻資訊—四爻為靜爻己酉《大驛土》

關鍵事件—成卦【山風蠱】六五動爻己未《天上火》化壬申《劍鋒金》

易林取象—昧暮乘車。履危蹈溝。亡失群物。摧折兩軸。

蹇初六—往蹇來譽。象曰。往蹇來譽。宜待也。

絕對吉凶論卦要義

吉凶事理敘作詩—睽善之道惟能容。戰鼓齊鳴主應乾。復成履道行步艱。人心散離志成灰。

相應財情體運之吉凶悔吝論斷要義詳述

【財運】—必有吝。

【感情】—必論凶。

【身體】—論悔。

【運勢】—論凶。

睽之歸妹

邵康節【演義】—此爻潦倒半生。乏人援手。窮山坐困。難出於泥。必須有力者出而接引。纔有希望。占之者慎勿躁進。亦勿咨嗟。久久俟之。終能得好消息也。

必論問題關鍵

世爻資訊—四爻為靜爻己酉《大驛土》

關鍵事件—成卦【風天小畜】上九動爻己巳《大林木》化庚戌《釵釧金》

易林取象—鉛刀攻玉。无不鑽鑿。龍體其舉。魯般為輔。三仁翼事。所求必喜。

蹇六二—王臣蹇蹇。匪躬之故。象曰。王臣蹇蹇。終无尤也。

絕對吉凶論卦要義

吉凶事理敘作詩—終睽能和忌自疑。震象无妄是難行。是成歸妹欲有為。丈人相引方可期。

相應財情體運之吉凶悔吝論斷要義詳述

【財運】—必有吝。

【感情】—論凶。

【身體】—有悔。

【運勢】—有凶。

蹇之既濟

邵康節【演義】—此爻逢卯年方能出頭。交午年福星照臨。卯生於寅。謂先寅而後卯也。天心如是。不用強求。占者何必加以人謀耶。

必論問題關鍵

世爻資訊—四爻為靜爻戊申《大驛土》

關鍵事件—成卦【澤天夬】初六動爻丙辰《沙中土》化己卯《城頭土》

易林取象—道涉多阪。牛馬蜿蟺。車不麗載。請求不得。

蹇九三—往蹇來反。象曰。往蹇來反。內喜之也。

絕對吉凶論卦要義

吉凶事理敘作詩—見險行止居蹇道。此心見離須自明。終成既濟天有定。卯午應時福自臨。

相應財情體運之吉凶悔吝論斷要義詳述

【財運】—有吝。

【感情】—論凶。

【身體】—論凶。

【運勢】—論吉。

蹇之井

邵康節【演義】—此爻主事前不能預斷。時至方有分曉。好事多磨。以耳為目。占此者有坐失機會之象。

必論問題關鍵

世爻資訊—四爻為靜爻戊申《大驛土》

關鍵事件—成卦【山水蒙】六二動爻丙午《天河水》化辛亥《釵釧金》

易林取象—荷蕢隱名。以避亂傾。終身不仕。遂其潔清。

蹇六四—往蹇來連。象曰。往蹇來連。當位實也。

絕對吉凶論卦要義

吉凶事理敘作詩—王臣蹇蹇不由主。此因化巽失進退。變化井象為自困。以耳為目主昏蒙。

相應財情體運之吉凶悔吝論斷要義詳述

【財運】—論凶。

【感情】—有凶。

【身體】—論凶。

【運勢】—有吝。

蹇之比

邵康節【演義】—此爻主羣陰撥弄。淆亂性心。故交友不可不慎。立意不可不定。斷事不可不決。悟性不可不佳。占者終以遠之為是。

必論問題關鍵

世爻資訊—四爻為靜爻戊申《大驛土》

關鍵事件—成卦【澤風大過】九三動爻丙申《山下火》化乙卯《大溪水》

易林取象—送我季女。至于蕩道。齊子旦夕。留連久處。

蹇九五—大蹇朋來。象曰。大蹇朋來。以中節也。

絕對吉凶論卦要義

吉凶事理敘作詩—善蹇之道惟有定。陰陽有異坤道成。復成比卦豈言悟。群陰欺陽禍此身。

相應財情體運之吉凶悔吝論斷要義詳述

【財運】—必論凶。

【感情】—論凶。

【身體】—必有吝。

【運勢】—必論凶。

蹇之咸

邵康節【演義】—此爻有勸人快快走之象。祖逖著鞭。班超投筆。子胥過昭關。宗愨乘長風。無非不失時耳。後皆顯貴。得志一時。占者慎勿自甘暴棄。墜青雲之志焉。

必論問題關鍵

世爻資訊—四爻為變爻戊申《大驛土》

關鍵事件—成卦【山風蠱】六四動爻戊申《大驛土》化丁亥《屋上土》

易林取象—日月並居。常暗且微。高山萌顛。丘陵為谿。

蹇上六—往蹇來碩。吉。利見大人。象曰。往蹇來碩。志在內也。利見大人。以從貴也。

絕對吉凶論卦要義

吉凶事理敘作詩—有實當位朋來連。兑象化成奮起時。天地有感咸為真。青雲朝志應乾如。

相應財情體運之吉凶悔吝論斷要義詳述

【財運】—可論吝。

【感情】—有凶。

【身體】—論悔。

【運勢】—必有吝。

蹇之謙

邵康節【演義】—此爻主行人出外。杳無消息。家人雖望眼將穿。游子乃溺情花柳。不肖之尤者也。占者可去函切責之。倘係本人求得此爻。則作速改悔。勿再冶遊。

必論問題關鍵

世爻資訊—四爻為靜爻戊申《大驛土》

關鍵事件—成卦【山天大畜】九五動爻戊戌《平地木》化癸亥《大海水》

易林取象—天門開闢。牢戶寥廓。桎梏解脫。拘囚縱釋。

解初六—无咎。象曰。剛柔之際。義无咎也。

絕對吉凶論卦要義

吉凶事理敘作詩—大蹇朋來惟中節。外象化坤主道迷。明成謙卦知有終。回首恩義敬思量。

相應財情體運之吉凶悔吝論斷要義詳述

【財運】—有凶。

【感情】—必論凶。

【身體】—必論凶。

【運勢】—有凶。

蹇之漸

邵康節【演義】—樹下有穴。惟具慧眼者能辨之。常人不能也。遷居其處。宜福祿之駢臻矣。占此者只須自修。不患無佳地也。

必論問題關鍵

世爻資訊—四爻為靜爻戊申《大驛土》

關鍵事件—成卦【澤山咸】上六動爻戊子《霹靂火》化辛卯《松柏木》

易林取象—麟鳳所翔。國无咎殃。賈市十倍。復歸惠里。

解九二—田獲三狐。得黃矢。貞吉。象曰。九二貞吉。得中道也。

絕對吉凶論卦要義

吉凶事理敘作詩—終蹇之道行為解。巽象既成何言險。必得漸卦步步升。修持行道福祿臻。

相應財情體運之吉凶悔吝論斷要義詳述

【財運】—可論吉。

【感情】—有悔。

【身體】—論吉。

【運勢】—必論吉。

解之歸妹

邵康節【演義】—此爻主事非容易。須下精勤工夫。苟中道而廢。非第後路茫茫。更兼前功盡棄。占者其諦聽之。

必論問題關鍵

世爻資訊—二爻為靜爻戊辰《大林木》

關鍵事件—成卦【山風蠱】初六動爻戊寅《城頭土》化丁巳《沙中土》

易林取象—春桃生花。季女宜家。受福多年。男為邦君。

解六三—負且乘。致寇至。貞吝。象曰。負且乘。亦可醜也。自我致寇。又誰咎也。

絕對吉凶論卦要義

吉凶事理敘作詩—震坎為解以坤道。兑象如心不為功。是得歸妹征凶事。緩步乾乾盡其功。

相應財情體運之吉凶悔吝論斷要義詳述

【財運】—必有悔。

【感情】—可論吉。

【身體】—論吉。

【運勢】—有悔。

解之豫

邵康節【演義】—此爻功成名遂。凡百亨通。喜氣重重。愁思消滅。占得此者。可稱上吉。

必論問題關鍵

世爻資訊—二爻為變爻戊辰《大林木》

關鍵事件—成卦【山澤損】九二動爻戊辰《大林木》化乙巳《覆燈火》

易林取象—裹糗荷粮。與利相逢。高飛有德。君大獲福。

解九四—解而拇。朋至斯孚。象曰。解而拇。未當位也。

絕對吉凶論卦要義

吉凶事理敘作詩—解道至善行中道。執心化坤理厚德。是成豫象利建侯。功名成就應乾乾。

相應財情體運之吉凶悔吝論斷要義詳述

【財運】—論吉。

【感情】—可論吉。

【身體】—論吉。

【運勢】—必有悔。

解之恆

邵康節【演義】—此爻主離羣索居。獨自猜疑。悲喜無常。英雄氣短。占者有羣疑滿腹。眾難塞胸之象。

必論問題關鍵

世爻資訊—二爻為靜爻戊辰《大林木》

關鍵事件—成卦【水山蹇】六三動爻戊午《天上火》化辛酉《石榴木》

易林取象—鳥集茂木。順柔利貞。心樂願得。感戴慈母。

解六五—君子維有解。吉。有孚于小人。象曰。君子有解。小人退也。

絕對吉凶論卦要義

吉凶事理敘作詩—負乘致寇吝之道。巽象維心性無常。是成恆象因循故。獨對西風悔肝腸。

相應財情體運之吉凶悔吝論斷要義詳述

【財運】—必論凶。

【感情】—必有吝。

【身體】—必論凶。

【運勢】—必有吝。

解之師

邵康節【演義】—此爻主目下無可營為。即勵志前進。亦莫能成就。若能出行。便可上進。占之者宜出門。不宜家居。

必論問題關鍵

世爻資訊—二爻為靜爻戊辰《大林木》

關鍵事件—成卦【澤山咸】九四動爻庚午《路旁土》化癸丑《桑拓木》

易林取象—推車上山。力不能任。顛蹶蹉跌。傷我中心。

解上六—公用射。隼于高墉之上。獲之。无不利。象曰。公用射隼。以解悖也。

絕對吉凶論卦要義

吉凶事理敘作詩—有為於解不為坎。大道廣邑去迷蹤。必得師卦利乾行。得志他鄉全始終。

相應財情體運之吉凶悔吝論斷要義詳述

【財運】—論凶。

【感情】—論凶。

【身體】—有吝。

【運勢】—論凶。

解之困

邵康節【演義】—此爻主一帆風順。盡可放膽前行。且有人提攜。無不成功之理。一過秋令。好音自連翩而至。占者大吉。

必論問題關鍵

世爻資訊—二爻為靜爻戊辰《大林木》

關鍵事件—成卦【坎為水】六五動爻庚申《石榴木》化丁酉《山下火》

易林取象—萬物初生。蟄虫振起。益壽增福。日受其喜。

損初九—已事遄往。无咎。酌損之。象曰。已事遄往。尚合志也。

絕對吉凶論卦要義

吉凶事理敘作詩—君子有解制群陰。龍象化兑隨道興。縱成困象亦多助。三秋逢喜應風行。

相應財情體運之吉凶悔吝論斷要義詳述

【財運】—必論吉。

【感情】—論吉。

【身體】—有凶。

【運勢】—必論吉。

解之未濟

邵康節【演義】—此爻機緣不湊。恐無佳境。必待貿易中人與之相合。境地始漸寬裕。愁面方見笑容。占之者不如忍耐為上。

必論問題關鍵

世爻資訊—二爻為靜爻戊辰《大林木》

關鍵事件—成卦【山澤損】上六動爻庚戌《釵釧金》化己巳《大林木》

易林取象—干旄旌旗。執職在郊。雖有寶珠。无路致之。

損九二—利貞。征凶。弗損益之。象曰。九二利貞。中以為志也。

絕對吉凶論卦要義

吉凶事理敘作詩—藏器待時終為解。動明離象自為實。知足有定明未濟。自得因緣應佳期。

相應財情體運之吉凶悔吝論斷要義詳述

【財運】—論凶。

【感情】—有吝。

【身體】—必有悔。

【運勢】—必論凶。

損之蒙

邵康節【演義】—此爻主備嘗險阻。閱盡桑滄。勤苦一生始摶得微貲末秩。足見事非經過不知難也。

必論問題關鍵

世爻資訊—三爻為靜爻丁丑《澗下水》

關鍵事件—成卦【水天需】初九動爻丁巳《沙中土》化戊寅《城頭土》

易林取象—四手共身。莫失所閑。更相放接。動失事便。

損六三—三人行。則損一人。一人行。則得其友。象曰。一人行。三則疑也。

絕對吉凶論卦要義

吉凶事理敘作詩—損剛益柔是有福。坎象執深逐雲路。必成蒙象山水長。世道艱難苦利名。

相應財情體運之吉凶悔吝論斷要義詳述

【財運】—論凶。

【感情】—必有悔。

【身體】—有吝。

【運勢】—有吝。

損之頤

邵康節【演義】—此爻奸凶嫉妒。環我而伺。只宜謹守避禍。切勿妄想。若能積極行善。亦可挽回氣數。

必論問題關鍵

世爻資訊—三爻為靜爻丁丑《澗下水》

關鍵事件—成卦【坎為水】九二動爻丁卯《爐中火》化庚寅《松柏木》

易林取象—十九同投。為雉所維。獨得跳脫。完全不虧。

損六四—損其疾。使遄有喜。无咎。象曰。損其疾。亦可喜也。

絕對吉凶論卦要義

吉凶事理敘作詩—弗損益者明征凶。此心化震應無端。諸道自求識頤象。行善勿求免災殃。

相應財情體運之吉凶悔吝論斷要義詳述

【財運】—論凶。

【感情】—有吝。

【身體】—有凶。

【運勢】—必論凶。

損之大畜

邵康節【演義】——此爻行則荊棘。坐則針氈。無時無刻可稍疏懈。占之者亟宜戒謹恐懼。庶免意外之咎。

必論問題關鍵

世爻資訊——三爻為變爻丁丑《澗下水》

關鍵事件——成卦【巽為風】六三動爻丁丑《澗下水》化甲辰《覆燈火》

易林取象——嬰兒孩笑。未有所識。彼童而爭。亂我政事。

損六五——或益之。十朋之龜弗克違。元吉。象曰。六五元吉。自上祐也。

絕對吉凶論卦要義

吉凶事理敘作詩——損道三人主多疑。亟心化乾難為明。大畜具象須明德。敬慎行止避無端。

相應財情體運之吉凶悔吝論斷要義詳述

【財運】——必有吝。

【感情】——論凶。

【身體】——論凶。

【運勢】——必有吝。

邵康節【演義】—此爻時至運來。春意盎然。功名唾手可得。占之者主動作如意。其吉大矣。

損之睽

必論問題關鍵

世爻資訊—三爻為靜爻丁丑《澗下水》

關鍵事件—成卦【山風蠱】六四動爻丙戌《屋上土》化己酉《大驛土》

易林取象—府藏之富。王以賑貸。捕魚河海。苟罔多得。

損上九—弗損益之。无咎。貞吉。利有攸往。得臣无家。象曰。弗損益之。大得志也。

絕對吉凶論卦要義

吉凶事理敘作詩—損其疾者明善道。外象見離自分明。天地有睽成造化。相應如心喜事來。

相應財情體運之吉凶悔吝論斷要義詳述

【財運】—必論吉。

【感情】—有悔。

【身體】—論吉。

【運勢】—必論吉。

損之中孚

邵康節【演義】—此爻以守為戰。好整以暇。而意外之喜慶亦即繼此而來。隨龍到天。高上之象也。占之者收成必佳。

必論問題關鍵

世爻資訊—三爻為靜爻丁丑《澗下水》

關鍵事件—成卦【天澤履】六五動爻丙子《澗下水》化辛巳《白臘金》

易林取象—鄰不我顧。而望玉女。身疾瘡癩。誰肯媚者。

益初九—利用為大作。元吉。无咎。象曰。元吉无咎。下不厚事也。

絕對吉凶論卦要義

吉凶事理敘作詩—柔中守正咸受益。巽象從富喜慶來。悅順之道必中孚。九重天下乘龍臨。

相應財情體運之吉凶悔吝論斷要義詳述

【財運】—必論吉。

【感情】—有悔。

【身體】—論吉。

【運勢】—論吉。

邵康節【演義】——此爻冒險前進。驚魂初定。由今思昔。不堪廻溯。占者從此可安然坐享矣。

損之臨

必論問題關鍵

世爻資訊——三爻為靜爻丁丑《澗下水》

關鍵事件——成卦【山水蒙】上九動爻丙寅《爐中火》化癸酉《劍鋒金》

易林取象——元吉无咎。安寧不殆。

益六二——或益之。十朋之龜弗克違。永貞吉。王用亨于帝。吉。象曰。或益之。自外來也。

絕對吉凶論卦要義

吉凶事理敘作詩——終損有道復為益。艮象化坤明道行。必得臨卦志能成。憂後得歡心事足。

相應財情體運之吉凶悔吝論斷要義詳述

【財運】——論吉。

【感情】——論悔。

【身體】——有悔。

【運勢】——論吉。

益之觀

邵康節【演義】—此爻有東馳西突陸地行舟之象。時既不順。心又紛亂。謀旺豈能有成。惟貴人出而扶持。庶免傾覆之虞。占者亟宜自戒。

必論問題關鍵

世爻資訊—三爻為靜爻庚辰《白臘金》

關鍵事件—成卦【澤天夬】初九動爻庚子《壁上土》化乙未《沙中金》

易林取象—鵲思其雄。欲隨鳳東。順理羽翼。出次須日。中留北邑。復反其室。

益六三—益之用凶事。无咎。有孚中行。告公用圭。象曰。益用凶事。固有之也。

絕對吉凶論卦要義

吉凶事理敘作詩—益道始作善元吉。亟心化坤道主迷。是得觀象知有定。丈人相扶乃應時。

相應財情體運之吉凶悔吝論斷要義詳述

【財運】—有凶。

【感情】—論凶。

【身體】—論凶。

【運勢】—論凶。

益之中孚

邵康節【演義】—此爻得手應心。速而且易。諸事順遂。當得美報。雖得之意外。實早在數中。占之上吉。

必論問題關鍵

世爻資訊—三爻為靜爻庚辰《白臘金》

關鍵事件—成卦【巽為風】六二動爻庚寅《松柏木》化丁卯《爐中火》

易林取象—戴瓶望天。不見星辰。顧小失大。福逃廬外。

益六四—中行。告公從。利用為依遷國。象曰。告公從。以益志也。

絕對吉凶論卦要義

吉凶事理敘作詩—虛中求益惟至善。此心從兌悅相得。中孚惟信行利貞。因緣既濟定如心。

相應財情體運之吉凶悔吝論斷要義詳述

【財運】—有悔。

【感情】—論吉。

【身體】—論吉。

【運勢】—可論吉。

益之家人

邵康節【演義】—此爻喜而非喜。常常擔憂。必缺而在圓。離而後合。乃身入勝境。故云千里風帆急也。占之中吉。

必論問題關鍵

世爻資訊—三爻為變爻庚辰《白臘金》

關鍵事件—成卦【天澤履】六三動爻庚辰《白臘金》化己亥《平地木》

易林取象—麒麟鳳凰。善政得祥。陰陽和調。國无災殃。

益九五—有孚惠心。勿問。元吉。有孚惠我德。象曰。有孚惠心。勿問之矣。惠我德。大得志也。

絕對吉凶論卦要義

吉凶事理敘作詩—益用凶事以中行。陰陽交錯象坎離。家人有道益相孚。雲散月圓終成吉。

相應財情體運之吉凶悔吝論斷要義詳述

【財運】—必有悔。

【感情】—論吉。

【身體】—論凶。

【運勢】—必論吉。

益之无妄

邵康節【演義】—此爻功名富貴。冥冥中實司其柄。有神明為之扶助。不患不福祿綿綿。但防蛇與兔相逢耳。占者能默求神佑則吉。

必論問題關鍵

世爻資訊—三爻為靜爻庚辰《白臘金》

關鍵事件—成卦【山澤損】六四動爻辛未《路旁土》化壬午《楊柳木》

易林取象—水流趍下。遂成東海。求我所有。買鱣與鯉。

益上九—莫益之。或擊之。立心勿恆。凶。象曰。莫益之。偏辭也。或擊之。自外來也。

絕對吉凶論卦要義

吉凶事理敘作詩—益民為志順天道。巽象成定乾為名。是得无妄天賜福。無貪無疑祿綿長。

相應財情體運之吉凶悔吝論斷要義詳述

【財運】—必論吉。

【感情】—可論吉。

【身體】—必論吉。

【運勢】—論吉。

益之頤

邵康節【演義】—此爻全仗神威佛力。方能將羣魔消滅。以後仍須廣行陰隲。庶可感格神明始終庇護。如果自盡。久必失足。不可救藥。占之者可不慎歟。

必論問題關鍵

世爻資訊—三爻為靜爻庚辰《白臘金》

關鍵事件—成卦【天山遯】九五動爻辛巳《白臘金》化丙子《澗下水》

易林取象—憂驚以除。禍不成災。安全以來。

夬初九—壯于前趾。往不勝。為咎。象曰。不勝而往。咎也。

絕對吉凶論卦要義

吉凶事理敘作詩—有孚惠心志應成。上蒼護守惟艮行。動行止定明頤象。善為陰篤必久長。

相應財情體運之吉凶悔吝論斷要義詳述

【財運】—必有悔。

【感情】—必有悔。

【身體】—必論吉。

【運勢】—有悔。

益之屯

邵康節【演義】—此爻言凡事營求。必須具有根基。方能成大事建大功。事功既成。便須急流勇退。隱居山林。不問世事。以保其身。此君子之出處也。

必論問題關鍵

世爻資訊—三爻為靜爻庚辰《白臘金》

關鍵事件—成卦【天風姤】上九動爻辛卯《松柏木》化戊子《霹靂火》

易林取象—伯虎仲熊。德義淵閒。使敷五教。陰陽順序。

夬九二—惕號。莫夜有戎。勿恤。象曰。有戎勿恤。得中道也。

絕對吉凶論卦要義

吉凶事理敘作詩—終益之道實為損。坎象化成多問心。萬物始生宜為屯。勿著聲名立真身。

相應財情體運之吉凶悔吝論斷要義詳述

【財運】—必有吝。

【感情】—論凶。

【身體】—論悔。

【運勢】—必論凶。

夬之大過

邵康節【演義】—此爻主功名富貴。均各有分。踏破鐵鞋無尋處。得來全不費工夫。占此者喜氣重重。可賀可賀。

必論問題關鍵

世爻資訊—五爻為靜爻丁酉《山下火》

關鍵事件—成卦【風澤中孚】初九動爻甲子《海中金》化辛丑《壁上土》

易林取象—久陰霖雨。塗行泥潦。商人依山。市空无有。

夬九三—壯于頄。有凶。君子夬夬。獨行遇雨。若濡有慍。无咎。象曰。君子夬夬。終无咎也。

絕對吉凶論卦要義

吉凶事理敘作詩—夬決之道剛去柔。亟心化巽立志行。是成大過實大業。應天有福喜自臻。

相應財情體運之吉凶悔吝論斷要義詳述

【財運】—論吉。

【感情】—有悔。

【身體】—論悔。

【運勢】—可論吉。

夬之革

邵康節【演義】—欲濟未濟。言可進不進也。欲求強求。言得所不得也。心無一定。但徘徊乎歧路。一車兩頭。但中止於半途。占此者必虎頭蛇尾之人。

必論問題關鍵

世爻資訊—五爻為靜爻丁酉《山下火》

關鍵事件—成卦【風水渙】九二動爻甲寅《大溪水》化己丑《霹靂火》

易林取象—江南多蝮。螫於手足。冤煩詰屈。痛徹心腹。

夬九四—臀无膚。其行次且。牽羊悔亡。聞言不信。象曰。其行次且。位不當也。聞言不信。聰不明也。

絕對吉凶論卦要義

吉凶事理敘作詩—勿恤之道應果決。此心化離難為實。是得革象豈相孚。徘徊歧路自無得。

相應財情體運之吉凶悔吝論斷要義詳述

【財運】—必論凶。

【感情】—有吝。

【身體】—必論凶。

【運勢】—有吝。

夬之兌

邵康節【演義】—此爻吉利。凡事切莫隳志。再能一心向善。自有好處。總之直道而行。無愧無怍。即不能十分得志。天君終亦泰然。勝於枉道干求者遠矣。

必論問題關鍵

世爻資訊—五爻為靜爻丁酉《山下火》

關鍵事件—成卦【巽為風】九三動爻甲辰《覆燈火》化丁丑《澗下水》

易林取象—以緡易絲。抱布自媒。弃禮急情。卒罹悔憂。

夬九五—莧陸夬夬。中行无咎。象曰。中行无咎。中未光也。

絕對吉凶論卦要義

吉凶事理敘作詩—君子夬決无咎道。此心化兌必自如。復成兌卦從亨象。直道向善事安然。

相應財情體運之吉凶悔吝論斷要義詳述

【財運】—有悔。

【感情】—論悔。

【身體】—有悔。

【運勢】—有悔。

夬之需

邵康節【演義】—此爻現在光景。禍患紛乘。幾令人懊悶欲死。孰料剝復遞更。窮通不定。塞翁失馬。即因禍而得福。從此名成利就。大吉大利。一先難後易之象也。

必論問題關鍵

世爻資訊—五爻為靜爻丁酉《山下火》

關鍵事件—成卦【山澤損】九四動爻丁亥《屋上土》化戊申《大驛土》

易林取象—薄為藩蔽。勁風吹卻。欲上不得。復歸其宅。

夬上六—无號。終有凶。象曰。无號之凶。終不可長也。

絕對吉凶論卦要義

吉凶事理敘作詩—其行次且居難安。坎象化成多波瀾。終成需卦能光亨。否去泰來應寬執。

相應財情體運之吉凶悔吝論斷要義詳述

【財運】—必有悔。

【感情】—有悔。

【身體】—有悔。

【運勢】—必論吉。

夬之大壯

邵康節【演義】—此爻所願雖奢。未能滿欲。幸上天有梯。何畏天高。分水有犀。無憚水深。得人扶助。汔可小康。占此者善與人交。庶得因人成事。

必論問題關鍵

世爻資訊—五爻為變爻丁酉《山下火》

關鍵事件—成卦【艮為山】九五動爻丁酉《山下火》化庚申《石榴木》

易林取象—四足俱走。奴疲在後。德戰不勝。敗於東楚。

姤初六—繫于金柅。貞吉。有攸往。見凶。羸豕孚蹢躅。象曰。繫于金柅。柔道牽也。

絕對吉凶論卦要義

吉凶事理敘作詩—中行无咎應無私。震象无妄主無端。大壯既成惟利貞。成事因人賴春風。

相應財情體運之吉凶悔吝論斷要義詳述

【財運】—有凶。

【感情】—有吝。

【身體】—論吉。

【運勢】—論凶。

夬之乾

邵康節【演義】—此爻求進反退。勞而無功。跼天蹐地。自嘆無可奈何。占此者宜虛中集益。毋跋前疐後也。

必論問題關鍵

世爻資訊—五爻為靜爻丁酉《山下火》

關鍵事件—成卦【巽為風】上六動爻丁未《天河水》化壬戌《大海水》

易林取象—狼戾美謀。无言不殊。允厭帝心。悅以獲佑。

姤九二—包有魚。无咎。不利賓。象曰。包有魚。義不及賓也。

絕對吉凶論卦要義

吉凶事理敘作詩—夬道無決為凶道。全陽論乾大壯行。復得乾象應剛難。虛中離坎思得明。

相應財情體運之吉凶悔吝論斷要義詳述

【財運】—論凶。

【感情】—論凶。

【身體】—必論吉。

【運勢】—有吝。

姤之乾

邵康節【演義】—此爻命蹇時乖。羣陰撥弄。失物難尋。六甲欠安。規行矩步。庶可免禍。

必論問題關鍵

世爻資訊—初爻為變爻辛丑《壁上土》

關鍵事件—成卦【山天大畜】初六動爻辛丑《壁上土》化甲子《海中金》

易林取象—蒙被恩德。長大成就。柔順利貞。君臣合好。

姤九三—臀无膚。其行次且。厲。无大咎。象曰。其行次且。行未牽也。

絕對吉凶論卦要義

吉凶事理敘作詩—強陰為主乃為姤。亟心化乾不為安。重重乾象必由志。規矩行步保平安。

相應財情體運之吉凶悔吝論斷要義詳述

【財運】—必論凶。

【感情】—有吝。

【身體】—論凶。

【運勢】—論凶。

姤之遯

邵康節【演義】—此爻進不如退。行不如藏。富不如貧。達不如窮。能處處恬淡。即是處處保守。漁樵農圃。轉可安居。富貴尊榮。今非昔比。

必論問題關鍵

世爻資訊—初爻為靜爻辛丑《壁上土》

關鍵事件—成卦【水山蹇】九二動爻辛亥《釵釧金》化丙午《天河水》

易林取象—伯去我東。髮擾如蓬。寤寐長歎。展轉空牀。內懷悵恨。摧我肝腸。

姤九四—包无魚。起凶。象曰。无魚之凶。遠民也。

絕對吉凶論卦要義

吉凶事理敘作詩—包有魚者陰陽合。此心從艮方得安。天下有山明遯象。逍遙山水問心情。

相應財情體運之吉凶悔吝論斷要義詳述

【財運】—有吝。

【感情】—有吝。

【身體】—論凶。

【運勢】—必有吝。

姤之訟

邵康節【演義】—智珠在抱。成竹在胸。不受他人愚。不遭世人迷。見錯自不錯。真人自有真。占此者自決則吉。從人則凶。

必論問題關鍵

世爻資訊—初爻為靜爻辛丑《壁上土》
關鍵事件—成卦【水風井】九三動爻辛酉《石榴木》化戊午《天上火》
易林取象—雞鳴失時。民僑勞苦。庬吠有威。行者留止。
姤九五—以杞包瓜。含章。有隕自天。象曰。九五含章。中正也。有隕自天。志不舍命也。

絕對吉凶論卦要義

吉凶事理敘作詩—行止無方難言安。亟心入坎必自明。是成訟卦不如心。惟賴自決是非明。

相應財情體運之吉凶悔吝論斷要義詳述

【財運】—有吝。
【感情】—必有吝。
【身體】—論凶。
【運勢】—必有吝。

姤之巽

邵康節【演義】—此爻勉人時來運至。宜聞雞起舞。勿少坐失時機。他日衣錦榮歸。耄年清福。胥於當日遭際時決之。

必論問題關鍵

世爻資訊—初爻為靜爻辛丑《壁上土》

關鍵事件—成卦【天水訟】九四動爻壬午《楊柳木》化辛未《路旁土》

易林取象—逐狐東山。水遏我前。深不可涉。失利後便。

姤上九—姤其角。吝。无咎。象曰。姤其角。上窮吝也。

絕對吉凶論卦要義

吉凶事理敘作詩—起凶遠民包無魚。巽象申命惟應期。重重巽道行未決。乾乾得志勿失機。

相應財情體運之吉凶悔吝論斷要義詳述

【財運】—有吝。

【感情】—有凶。

【身體】—必有悔。

【運勢】—論凶。

姤之鼎

邵康節【演義】——此爻為己即是為人。故致身青雲。香聞十里。雖係三生之緣。亦即自食其報。占此者宜益自策勵。以期上答天心。

必論問題關鍵

世爻資訊——初爻為靜爻辛丑《壁上土》

關鍵事件——成卦【天風姤】九五動爻壬申《劍鋒金》化己未《天上火》

易林取象——武庫軍府。甲兵所聚。非里邑居。不可舍止。

萃初六——有孚不終。乃亂乃萃。若號。一握為笑。勿恤。往无咎。象曰。乃亂乃萃。其志亂也。

絕對吉凶論卦要義

吉凶事理敘作詩——有隕自天立至誠。離象化現主光明。是成鼎卦申天命。十里香桂致青雲。

相應財情體運之吉凶悔吝論斷要義詳述

【財運】——可論吉。

【感情】——論吉。

【身體】——論吉。

【運勢】——有悔。

姤之大過

邵康節【演義】—此爻力戒躁動。毋守安靜。毋貪非分。毋逞妄想。留有限之精神。培無窮之元氣。君子占之以是求福。小人占之以是免禍。

必論問題關鍵

世爻資訊—初爻為靜爻辛丑《壁上土》

關鍵事件—成卦【乾為天】上九動爻壬戌《大海水》化丁未《天河水》

易林取象—監諸攻玉。无不穿鑿。麟鳳成形。德象君子。三仁翼事。所求必喜。

萃六二—引吉无咎孚。乃利用禴。象曰。引吉无咎。中未變也。

絕對吉凶論卦要義

吉凶事理敘作詩—姤道其終無相遇。兑象綜巽成何濟。復得大過明行坎。勉守安靜利其福。

相應財情體運之吉凶悔吝論斷要義詳述

【財運】—論凶。

【感情】—有吝。

【身體】—論凶。

【運勢】—論凶。

萃之隨

邵康節【演義】—此爻宜動不宜靜。宜遠不宜近。攸往咸利。到處遇合。故有缺月重圓之象。占此者大吉。

必論問題關鍵

世爻資訊—二爻為靜爻乙巳《覆燈火》

關鍵事件—成卦【山天大畜】初六動爻乙未《沙中金》化庚子《壁上土》

易林取象—貧鬼守門。日破我盆。毀甖傷缸。空虛无子。

萃六三—萃如嗟如。无攸利。往。无咎。小吝。象曰。往无咎。上巽也。

絕對吉凶論卦要義

吉凶事理敘作詩—萃聚為亨應有孚。此心化震見陽生。是成隨象為動悅。遠志應乾月重明。

相應財情體運之吉凶悔吝論斷要義詳述

【財運】—論悔。

【感情】—可論吉。

【身體】—必有悔。

【運勢】—論吉。

邵康節【演義】—此爻亦主出門有功。占此者儘可投袂而起。徑前邁往。前去自有機緣湊合。不必首鼠兩端。進退維谷。致自誤前程也。

萃之困

必論問題關鍵

世爻資訊—二爻為變爻乙巳《覆燈火》

關鍵事件—成卦【天水訟】六二動爻乙巳《覆燈火》化戊辰《大林木》

易林取象—九里十山。道仰峻難。牛馬不前。復反來還。

萃九四—大吉。无咎。象曰。大吉无咎。位不當也。

絕對吉凶論卦要義

吉凶事理敘作詩—引吉之道惟至誠。鬼迷具象是行坎。必為困卦窮斯道。乾行求住論前程。

相應財情體運之吉凶悔吝論斷要義詳述

【財運】—必有吝。

【感情】—必有吝。

【身體】—必有悔。

【運勢】—有凶。

萃之咸

邵康節【演義】—此爻防有盜賊之侵。死亡之慮。夫妻分離之苦。親友嫌隙之咎。主家業退敗。人口凋零。急須修德。務使內省不疚。或可得神人默佑。

必論問題關鍵

世爻資訊—二爻為靜爻乙巳《覆燈火》

關鍵事件—成卦【風澤中孚】六三動爻乙卯《大溪水》化丙申《山下火》

易林取象—山水暴怒。壞梁折柱。稽難行旅。留連愁苦。

萃九五—萃有位。无咎。匪孚。元永貞。悔亡。象曰。萃有位。志未光也。

絕對吉凶論卦要義

吉凶事理敘作詩—萃如嗟如極凶道。艮象化現心已亡。終得咸卦相應速。急修心曲蔑無情。

相應財情體運之吉凶悔吝論斷要義詳述

【財運】—必論凶。

【感情】—必論凶。

【身體】—必論凶。

【運勢】—論凶。

萃之比

邵康節【演義】—此爻主無子得子。無事得事。無財得財。婚姻有魚水之歡。親朋有膠漆之誼。凡事機緣。無不和合。向來運蹇。至此俱得亨通矣。失意時占之最驗。

必論問題關鍵

世爻資訊—二爻為靜爻乙巳《覆燈火》

關鍵事件—成卦【風山漸】九四動爻丁亥《屋上土》化戊申《大驛土》

易林取象—德施流行。利之四鄉。雨師洒道。風伯逐殃。巡狩封禪。以告成功。

萃上六—齎咨涕洟。无咎。象曰。齎咨涕洟。未安上也。

絕對吉凶論卦要義

吉凶事理敘作詩—居萃能吉因緣合。兑象化坎主恩澤。親比能歡論吉象。所求如心事合和。

相應財情體運之吉凶悔吝論斷要義詳述

【財運】—論吉。

【感情】—必論吉。

【身體】—可論吉。

【運勢】—必論吉。

萃之豫

邵康節【演義】—此爻主浮沉無定。如浪打水萍。風飄飛絮。目下尚無援助之人。只得守株待兔。未許臨淵羨魚。占此者諸宜小心安分為上。

必論問題關鍵

世爻資訊—二爻為靜爻乙巳《覆燈火》

關鍵事件—成卦【巽為風】九五動爻丁酉《山下火》化庚申《石榴木》

易林取象—穿鼻繫棘。為虎所拘。王母祝禱。禍不成災。突然脫來。

升初六—允升。大吉。象曰。允升大吉。上合志也。

絕對吉凶論卦要義

吉凶事理敘作詩—志未光乃德未足。震象無端問前途。且成豫象倦興事。無求定心保長安。

相應財情體運之吉凶悔吝論斷要義詳述

【財運】—必有吝。

【感情】—有凶。

【身體】—有凶。

【運勢】—可論吝。

萃之否

邵康節【演義】—此爻主凶禍將來。官司臨頭。是非叢至。凡事謀望不成。求財交易不就。所為無一順利。兼防受人暗算。只宜退守。不可前進。

必論問題關鍵

世爻資訊—二爻為靜爻乙巳《覆燈火》

關鍵事件—成卦【乾為天】上六動爻丁未《天河水》化壬戌《大海水》

易林取象—鹿畏人藏。俱入深谷。命短不長。為虎所得。死於牙腹。

升九二—孚乃利用禴。无咎。象曰。九二之孚。有喜也。

絕對吉凶論卦要義

吉凶事理敘作詩—萃道之終戒不虞。陽戰象乾必禍臨。且成否象匪人道。萬事敬守得安寧。

相應財情體運之吉凶悔吝論斷要義詳述

【財運】—論凶。

【感情】—必論凶。

【身體】—有凶。

【運勢】—有凶。

升之泰

邵康節【演義】—此爻陽為陰制。勢不兩立。除潛伏待時外。別無他策。占者作速引去。切勿與若輩相爭。致自貽伊戚。

必論問題關鍵

世爻資訊—四爻為靜爻癸丑《桑拓木》

關鍵事件—成卦【天澤履】初六動爻辛丑《壁上土》化甲子《海中金》

易林取象—公劉之居。太王所業。可以長生。拜受福爵。

升九三—升虛邑。象曰。升虛邑。无所疑也。

絕對吉凶論卦要義

吉凶事理敘作詩—允升大吉怕自棄。此心從乾或有為。明得泰象非其類。進退有時理自明。

相應財情體運之吉凶悔吝論斷要義詳述

【財運】—論凶。

【感情】—必有吝。

【身體】—有吝。

【運勢】—有凶。

升之謙

邵康節【演義】—此爻行人走失。欲尋覓之。須依所指引處前去。自有下落。問失物亦然。占之者切莫遲徊。

必論問題關鍵

世爻資訊—四爻為靜爻癸丑《桑拓木》

關鍵事件—成卦【山天大畜】九二動爻辛亥《釵釧金》化丙午《天河水》

易林取象—延頸遠望。眛為目病。不見叔姬。使伯憂心。

升六四—王用亨于岐山。吉。无咎。象曰。王用亨于岐山。順事也。

絕對吉凶論卦要義

吉凶事理敘作詩—用禴之善定有孚。此心得艮宜為住。是為謙象有終道。失而復得須乾行。

相應財情體運之吉凶悔吝論斷要義詳述

【財運】—必有悔。

【感情】—可論吉。

【身體】—必論吉。

【運勢】—論吉。

升之師

邵康節【演義】—此爻機緣即在目前。只須迎將上去。果能尋得前途。自有無限春色。占者勉之。

必論問題關鍵

世爻資訊—四爻為靜爻癸丑《桑拓木》

關鍵事件—成卦【山水蒙】九三動爻辛酉《石榴木》化戊午《天上火》

易林取象—鳶生會稽。稍巨能飛。翱翔桂林。為眾鳥雄。

升六五—貞吉。升階。象曰。貞吉升階。大得志也。

絕對吉凶論卦要義

吉凶事理敘作詩—順道無疑升虛邑。此心從坎賴自明。既得師卦宜為貞。掌中機緣利乾如。

相應財情體運之吉凶悔吝論斷要義詳述

【財運】—可論吉。

【感情】—可論吉。

【身體】—論悔。

【運勢】—可論吉。

升之恆

邵康節【演義】——此爻臨事須有決斷，不可狐疑又須認準路徑，不可分歧，如或不然，後患難免。

必論問題關鍵

世爻資訊——四爻為變爻癸丑《桑拓木》

關鍵事件——成卦【山澤損】六四動爻癸丑《桑拓木》化庚午《路旁土》

易林取象——假文翰翼。隨風偕北。至虞夏國。與愛相得。年歲大樂。邑无盜賊。

升上六——冥升。利于不息之貞。象曰。冥升在上。消不富也。

絕對吉凶論卦要義

吉凶事理敘作詩——岐山用亨利丈人。處震有道必果決。萬事有成盡恆道。事理不明肝腸刑。

相應財情體運之吉凶悔吝論斷要義詳述

【財運】——有凶。

【感情】——論凶。

【身體】——論凶。

【運勢】——必有吝。

升之井

邵康節【演義】—此爻小挫不足慮。還須再接再厲。如前堅守。若因而退縮。不惟前功盡棄。且為敵人所乘矣。占者須明此理。

必論問題關鍵

世爻資訊—四爻為靜爻癸丑《桑拓木》

關鍵事件—成卦【澤天夬】六五動爻癸亥《大海水》化戊戌《平地木》

易林取象—刻畫為飾。嫫母無鹽。毛嬙西施。求事必得。

困初六—臀。困于株木。入于幽谷。三歲不覿。象曰。入于幽谷。幽不明也。

絕對吉凶論卦要義

吉凶事理敘作詩—升階有道惟乾行。坎象在前必多難。應成井象知亨道。堅心向前凱歌行。

相應財情體運之吉凶悔吝論斷要義詳述

【財運】—論吉。

【感情】—必有悔。

【身體】—有吝。

【運勢】—必有悔。

升之蠱

邵康節【演義】—此爻行善之人。天必相之。人能寡慾。斯能見道。倘為人欲所蔽。直庸人自擾耳。世人盍信是言。

必論問題關鍵

世爻資訊—四爻為靜爻癸丑《桑拓木》

關鍵事件—成卦【風水渙】上六動爻癸酉《劍鋒金》化丙寅《爐中火》

易林取象—盲者張目。跛踦起行。瞻望日月。與王相迎。

困九二—困于酒食。朱紱方來。利用亨祀。征凶。无咎。象曰。困于酒食。中有慶也。

絕對吉凶論卦要義

吉凶事理敘作詩—升極之象應昏冥。外象得艮事難行。山下成風盡為蠱。定心為道本自明。

相應財情體運之吉凶悔吝論斷要義詳述

【財運】—必論凶。

【感情】—論凶。

【身體】—論吉。

【運勢】—論凶。

困之兌

邵康節【演義】—此爻先憂後樂。無聊之際。且破涕為笑。以自排遣。及天地交泰。時會已至。方能展生平之懷抱。占者只須好自為之。自有神力來助也。

必論問題關鍵

世爻資訊—初爻為變爻戊寅《城頭土》

關鍵事件—成卦【水澤節】初六動爻戊寅《城頭土》化丁巳《沙中土》

易林取象—國將有事。狐嘈向城。三日悲鳴。邑主大驚。

困六三—困于石。據于蒺藜。入于其宮。不見其妻。凶。象曰。據于蒺藜。乘剛也。入于其宮。不見其妻。不祥也。

絕對吉凶論卦要義

吉凶事理敘作詩—困道失時離善遠。此心化兌須福緣。重重兌象合天地。明道交泰當應時。

相應財情體運之吉凶悔吝論斷要義詳述

【財運】—論吉。

【感情】—可論吉。

【身體】—論吉。

【運勢】—有悔。

困之萃

邵康節【演義】—此爻主小人撥弄。奸佞成羣。豺狼當道。安問狐狸。雖存心正直。行事坦白。亦不免受屈遭謗。占此者寧退處人後。毋出而自危。

必論問題關鍵

世爻資訊—初爻為靜爻戊寅《城頭土》

關鍵事件—成卦【水天需】九二動爻戊辰《大林木》化乙巳《覆燈火》

易林取象—被髮獸心。難與比鄰。來如飄風。去似絕絃。為狼所殘。

困九四—來徐徐。困于金車。吝。有終。象曰。來徐徐。志在下也。雖不當位。有與也。

絕對吉凶論卦要義

吉凶事理敘作詩—征凶為困無明象。亟心化坤必執迷。相逢無端明萃象。豺狼當前必自竄。

相應財情體運之吉凶悔吝論斷要義詳述

【財運】—必論凶。

【感情】—必有悔。

【身體】—論凶。

【運勢】—必論凶。

困之大過

邵康節【演義】—此爻主功名成遂。財利豐收。十全五福。萃於一門。是惟忠孝之家。方克獲茲善報。占之者無不利。

必論問題關鍵

世爻資訊—初爻為靜爻戊寅《城頭土》

關鍵事件—成卦【風水渙】六三動爻戊午《天上火》化辛酉《石榴木》

易林取象—雷行相逐。无有休息。戰于平陸。為夷所覆。

困九五—劓刖。困于赤紱。乃徐有說。利用祭祀。象曰。劓刖。志未得也。乃徐有說。以中直也。利用祭祀。受福也。

絕對吉凶論卦要義

吉凶事理敘作詩—致死復生主維心。亟心從志巽道行。必成大過行大業。福祿照臨耀門庭。

相應財情體運之吉凶悔吝論斷要義詳述

【財運】—論吉。

【感情】—可論吉。

【身體】—可論吉。

【運勢】—必論吉。

困之坎

邵康節【演義】—此爻主求謀不濟，出行徒勞，求財折本，尋人口舌，占訟求人，六甲生女，婚姻不成，走失小心，交易無望，占病作禍，總之一場空也。

必論問題關鍵

世爻資訊—初爻為靜爻戊寅《城頭土》

關鍵事件—成卦【風山漸】九四動爻丁亥《屋上土》化戊申《大驛土》

易林取象—委蛇循河。北至海涯。涉歷要荒。君世无他。

困上六—困于葛藟。于臲卼。曰動悔。有悔。征吉。象曰。困于葛藟。未當也。動悔有悔。吉行也。

絕對吉凶論卦要義

吉凶事理敘作詩—徐徐此困于金車。坎道重險艱難行。復成坎象勿言志。舉措無實空無成。

相應財情體運之吉凶悔吝論斷要義詳述

【財運】—必有吝。

【感情】—必論凶。

【身體】—論凶。

【運勢】—必論凶。

困之解

邵康節【演義】—此爻主獨自經營。勞心勞力。事倍功半。須有貴人扶助。方能振起家聲。成就事業。占此者當自辨而訪求之。

必論問題關鍵

世爻資訊—初爻為靜爻戊寅《城頭土》

關鍵事件—成卦【巽為風】九五動爻丁酉《山下火》化庚申《石榴木》

易林取象—陰淫寒疾。水離其室。舟楫大作。傷害黍稷。民飢於食。不无病厄。

井初六—井泥不食。舊井无禽。象曰。井泥不食。下也。舊井无禽。時舍也。

絕對吉凶論卦要義

吉凶事理敘作詩—困于赤紱能未足。震象无妄動前途。解利西南須得眾。貴人有助方能圓。

相應財情體運之吉凶悔吝論斷要義詳述

【財運】—必論凶。

【感情】—論吉。

【身體】—可論吉。

【運勢】—可論吝。

困之訟

邵康節【演義】—此爻雲散天開。清光大來。營生無不遂意。出門更宜遠行。財運亨通。人口興旺。一禍去福至。先難後易之象也。

必論問題關鍵

世爻資訊—初爻為靜爻戊寅《城頭土》

關鍵事件—成卦【乾為天】上六動爻丁未《天河水》化壬戌《大海水》

易林取象—襄送季女。至於蕩道。齊子旦夕。留連久處。

井九二—井谷射鮒。甕敝漏。象曰。井谷射鮒。无與也。

絕對吉凶論卦要義

吉凶事理敘作詩—窮困之極亦有道。乾象化成天下行。作事謀始明訟象。禍去福至賴我行。

相應財情體運之吉凶悔吝論斷要義詳述

【財運】—可論吉。

【感情】—論吉。

【身體】—有悔。

【運勢】—論凶。

井之需

邵康節【演義】—此爻主橫逆之來。出於意外。驚魄喪魂。幾頻於危。幸根本未搖。所損枝葉。略加培植。依然生氣勃勃。占此者有履險如夷。轉危為安之兆。

必論問題關鍵

世爻資訊—五爻為靜爻戊戌《平地木》

關鍵事件—成卦【天澤履】初六動爻辛丑《壁上土》化甲子《海中金》

易林取象—大夫行父。无地不涉。為吾相土。莫如韓樂。可以居止。長安富有。

井九三—井渫不食。為我心惻。可用汲。王明。並受其福。象曰。井渫不食。行惻也。求王明。受福也。

絕對吉凶論卦要義

吉凶事理敘作詩—井泥不食為失用。巽象化乾定為能。是成需象應有孚。歷險如夷自養德。

相應財情體運之吉凶悔吝論斷要義詳述

【財運】—有凶。

【感情】—論凶。

【身體】—必有悔。

【運勢】—必有悔。

井之蹇

邵康節【演義】—此爻生剋之道。陰陽家可以推求。譬如用兵。搗其中堅。其圍自解。占者遇得此爻。須以巧智取勝。毋徒自困也。

必論問題關鍵

世爻資訊—五爻為靜爻戊戌《平地木》

關鍵事件—成卦【山天大畜】九二動爻辛亥《釵釧金》化丙午《天河水》

易林取象—王子公孫。把絃攝丸。發輒有獲。家室饒足。

井六四—井甃。无咎。象曰。井甃无咎。脩井也。

絕對吉凶論卦要義

吉凶事理敘作詩—井谷射鮒豈逢時。艮象是定知安守。必成蹇象巧智亨。相勝陰陽唯自求。

相應財情體運之吉凶悔吝論斷要義詳述

【財運】—有凶。

【感情】—論凶。

【身體】—論凶。

【運勢】—有吝。

井之坎

邵康節【演義】—此爻作客他鄉。勞碌一世。方能坐食田園。攘攘熙熙。古今同慨。正不徒一二人勞苦已也。占者可由是洞見真理。處之泰然矣。

必論問題關鍵

世爻資訊—五爻為靜爻戊戌《平地木》

關鍵事件—成卦【山水蒙】九三動爻辛酉《石榴木》化戊午《天上火》

易林取象—炙魚銅斗。張伺夜鼠。不忍香味。機發為祟。祟在頭頸。笮不得去。

井九五—井洌寒泉食。象曰。寒泉之食。中正也。

絕對吉凶論卦要義

吉凶事理敘作詩—井渫不食應王明。此心由坎知維心。是成坎象應得智。無常無心無去來。

相應財情體運之吉凶悔吝論斷要義詳述

【財運】—必有吝。

【感情】—論凶。

【身體】—論凶。

【運勢】—必有吝。

井之大過

邵康節【演義】—此爻主種瓜得瓜。種豆得豆。女大必嫁良人。可知勤苦必獲衣食。果能勉為善人。何患無良好之結果。占者盍亦勉諸。

必論問題關鍵

世爻資訊—五爻為靜爻戊戌《平地木》

關鍵事件—成卦【天水訟】六四動爻戊申《大驛土》化丁亥《屋上土》

易林取象—羿張烏號。彀射驚狼。鐘鼓夜鳴。將軍壯心。趙國雄勇。鬭死滎陽。

井上六—井收勿幕。有孚元吉。象曰。元吉在上。大成也。

絕對吉凶論卦要義

吉凶事理敘作詩—井甃无咎盡其道。坎象變化以從兑。順悅之道明大過。因果自得體善行。

相應財情體運之吉凶悔吝論斷要義詳述

【財運】—可論吉。

【感情】—論吉。

【身體】—必有悔。

【運勢】—必論吉。

井之升

邵康節【演義】—此爻內憂外患交併而至。譬如患病。肝木既旺。瘋癲以起。心火又熾。寒熱以作。實羣醫束手時也。占之者凶。

必論問題關鍵

世爻資訊—五爻為變爻戊戌《平地木》

關鍵事件—成卦【天澤履】九五動爻戊戌《平地木》化癸亥《大海水》

易林取象—營城洛邑。周公所作。世逮三十。年歷七百。福佑封實。堅固不落。

革初九—鞏。用黃牛之革。象曰。鞏用黃牛。不可以有為也。

絕對吉凶論卦要義

吉凶事理敘作詩—井道至善理全德。化坤為虛難施用。積德升象為其道。寒熱相侵妄求災。

相應財情體運之吉凶悔吝論斷要義詳述

【財運】—有凶。

【感情】—有吝。

【身體】—有凶。

【運勢】—有凶。

井之巽

邵康節【演義】—此爻災晦將臨。諸事不宜。必須經過三年半。方有謀為之望。否則定有不測之險。凜之凜之。六週。六個月也。

必論問題關鍵

世爻資訊—五爻為靜爻戊戌《平地木》

關鍵事件—成卦【風天小畜】上六動爻戊子《霹靂火》化辛卯《松柏木》

易林取象—多載重負。捐棄于野。予母誰子。但自勞苦。

革六二—已日乃革之。征吉。无咎。象曰。已日革之。行有嘉也。

絕對吉凶論卦要義

吉凶事理敘作詩—井道之成終有孚。坎象化巽失其果。潛伏為智明巽象。離坎得數立春秋。

相應財情體運之吉凶悔吝論斷要義詳述

【財運】—可論吝。

【感情】—必有吝。

【身體】—論凶。

【運勢】—論凶。

革之咸

邵康節【演義】—此爻主得人吹噓。但須耐心靜守。鷦鷯一枝。或有望也。若急於成就。則窒而不通矣。

必論問題關鍵

世爻資訊—四爻為靜爻丁亥《屋上土》

關鍵事件—成卦【水山蹇】初九動爻己卯《城頭土》化丙辰《沙中土》

易林取象—无足斷跟。居處不安。凶惡為殘。

革九三—征凶。貞厲。革言三就。有孚。象曰。革言三就。又何之矣。

絕對吉凶論卦要義

吉凶事理敘作詩—已日乃孚論革道。化艮靜守理相得。相應成咸應久長。亟心求成道無亨。

相應財情體運之吉凶悔吝論斷要義詳述

【財運】—可論吝。

【感情】—論凶。

【身體】—必有吝。

【運勢】—論凶。

革之夬

邵康節【演義】—此爻主事業沈滯。時運未濟。且有年災月晦。只可靜以俟之。兼小心謹慎。欲求婚緣。須向高處。占此者速潛伏守己。以免禍害。

必論問題關鍵

世爻資訊—四爻為靜爻丁亥《屋上土》

關鍵事件—成卦【山水蒙】六二動爻己丑《霹靂火》化甲寅《大溪水》

易林取象—騏驥綠耳。章明造父。伯夙奉獻。襄續厥緒。佐文成伯。為晉元輔。

革九四—悔亡。有孚。改命。吉。象曰。改命之吉。信志也。

絕對吉凶論卦要義

吉凶事理敘作詩—革道至善惟有孚。亟心無端是象乾。澤上于天知為夬。速潛守己避禍劫。

相應財情體運之吉凶悔吝論斷要義詳述

【財運】—論凶。

【感情】—可論吉。

【身體】—有悔。

【運勢】—可論吝。

革之隨

邵康節【演義】—此爻主為人只須正直。切不可隨波逐流。與世浮沉。能如此則名成利就。可操左券。葉落花開者。理之自然也。占此者務以存心正直為要。

必論問題關鍵

世爻資訊—四爻為靜爻丁亥《屋上土》

關鍵事件—成卦【水風井】九三動爻己亥《平地木》化庚辰《白臘金》

易林取象—目瞤足動。喜如其願。舉家蒙寵。

革九五—大人虎變。未占有孚。象曰。大人虎變。其文炳也。

絕對吉凶論卦要義

吉凶事理敘作詩—強革有孚足三就。妄動如震行無端。動悅之道明乎隨。中正有守花自開。

相應財情體運之吉凶悔吝論斷要義詳述

【財運】—論凶。

【感情】—有悔。

【身體】—可論吝。

【運勢】—可論吝。

革之既濟

邵康節【演義】—此爻一陽來復。羣陰潛逃。雖路遇吉人。仍須自己安排。方為妥善。不可全然恃他人也。信在牛馬人在楚。戒之之義。

必論問題關鍵

世爻資訊—四爻為變爻丁亥《屋上土》

關鍵事件—成卦【天風姤】九四動爻丁亥《屋上土》化戊申《大驛土》

易林取象—孤獨特處。莫依為輔。心勞志苦。

革上六—君子豹變。小人革面。征凶。居貞吉。象曰。君子豹變。其文蔚也。小人革面。順以從君也。

絕對吉凶論卦要義

吉凶事理敘作詩—革道既興為改命。外象化坎難為安。既濟成定陰陽契。權用乾坤賴己成。

相應財情體運之吉凶悔吝論斷要義詳述

【財運】—有悔。

【感情】—論吉。

【身體】—論悔。

【運勢】—可論吉。

革之豐

邵康節【演義】—此爻主世道大變。時不我用。隱居獨處。嘆道不行。占此者有獨坐守窮之慮。凡百營為。均宜暫時中止。

必論問題關鍵

世爻資訊—四爻為靜爻丁亥《屋上土》

關鍵事件—成卦【乾為天】九五動爻丁酉《山下火》化庚申《石榴木》

易林取象—杜飛門啟。憂患大解。不為身禍。

鼎初六—鼎顛趾。利出否。得妾以其子。无咎。象曰。鼎顛趾。未悖也。利出否。以從貴也。

絕對吉凶論卦要義

吉凶事理敘作詩—大人虎變當應時。震雷鳴動象虎伏。豐象多故無閑衛。自困窮守無奈何。

相應財情體運之吉凶悔吝論斷要義詳述

【財運】—必論凶。

【感情】—必有吝。

【身體】—有吝。

【運勢】—論凶。

革之同人

邵康節【演義】—此爻戒勿妄想非分。只宜守身安命。若馳騖高遠。徒亂人意。終仍一無成就。占此者切勿輕舉妄動。譬彼美人。自在車中。迴顧己身。則在舟中。兩不相關也。

必論問題關鍵

世爻資訊—四爻為靜爻丁亥《屋上土》

關鍵事件—成卦【坎為水】上六動爻丁未《天河水》化壬戌《大海水》

易林取象—疾貧望幸。使伯行販。開牢擇羊。多得大牲。

鼎九二—鼎有實。我仇有疾。不我能即。吉。象曰。鼎有實。慎所之也。我仇有疾。終无尤也。

絕對吉凶論卦要義

吉凶事理敘作詩—終革之道須居貞。化成乾象多競爭。是得同人應辨明。妄心求成誤自身。

相應財情體運之吉凶悔吝論斷要義詳述

【財運】—必論凶。

【感情】—論凶。

【身體】—有吝。

【運勢】—論凶。

鼎之大有

邵康節【演義】—此爻主瀟灑出塵之應。朱門白屋本無一定。際已到手。何至再困林泉。無發皇氣象耶。占之者宜以此為定心丸矣。

必論問題關鍵

世爻資訊—二爻為靜爻辛亥《釵釧金》

關鍵事件—成卦【水山蹇】初六動爻辛丑《壁上土》化甲子《海中金》

易林取象—羔裘豹袪。高易我宇。君子維好。

鼎九三—鼎耳革。其行塞。雉膏不食。方雨虧悔。終吉。象曰。鼎耳革。失其義也。

絕對吉凶論卦要義

吉凶事理敘作詩—鼎道養賢元吉亨。此心從陽命乎乾。大有元亨無憂虞。定心向志是富得。

相應財情體運之吉凶悔吝論斷要義詳述

【財運】—論吉。

【感情】—可論吉。

【身體】—可論吝。

【運勢】—必論吉。

鼎之旅

邵康節【演義】—此爻清明之中。雖無不了悟處。營求之後。大有堪憂慮處。欲知下回分解。目前猶非其時。占者只可強自抑制。到時方能了了。

必論問題關鍵

世爻資訊—二爻為變爻辛亥《釵釧金》

關鍵事件—成卦【風水渙】九二動爻辛亥《釵釧金》化丙午《天河水》

易林取象—灼火泉原。釣魴山巔。魚不可得。炭不可燃。

鼎九四—鼎折足。覆公餗。其形渥。凶。象曰。覆公餗。信如何也。

絕對吉凶論卦要義

吉凶事理敘作詩—剛實居中必為能。此心從艮應虎龍。但逢旅道火焰山。敬慎知時方為安。

相應財情體運之吉凶悔吝論斷要義詳述

【財運】—論凶。

【感情】—論凶。

【身體】—必有悔。

【運勢】—必有吝。

鼎之未濟

邵康節【演義】—此爻忽笑忽哭。示心中不定之象。蓋橫禍之至。無人不危也。一旦心事大白。自然逢凶化吉。此神明庇佑之故也。占者須察微知著。以決其疑。

必論問題關鍵

世爻資訊—二爻為靜爻辛亥《釵釧金》

關鍵事件—成卦【風澤中孚】九三動爻辛酉《石榴木》化戊午《天上火》

易林取象—螟蚕為賊。害我稼穡。盡禾單麥。利无所得。

鼎六五—鼎黃耳。金鉉。利貞。象曰。鼎黃耳。中以為實也。

絕對吉凶論卦要義

吉凶事理敘作詩—巽極居正剛濟柔。此心從坎須自明。是得未濟乾行亨。上蒼能護禍轉吉。

相應財情體運之吉凶悔吝論斷要義詳述

【財運】—必有悔。

【感情】—論悔。

【身體】—有悔。

【運勢】—必論吉。

鼎之蠱

邵康節【演義】—此爻鵲噪連翩。報喜信也。前途進退分明。後路機緣美滿。共喜可知。占之上吉。

必論問題關鍵

世爻資訊—二爻為靜爻辛亥《釵釧金》

關鍵事件—成卦【山澤損】九四動爻己酉《大驛土》化丙戌《屋上土》

易林取象—商人行旅。資无所有。貪貝逐利。留連玉帛。駁轅內安。公子何咎。

鼎上九—鼎玉鉉。大吉。无不利。象曰。玉鉉在上。剛柔節也。

絕對吉凶論卦要義

吉凶事理敘作詩—鼎實象滿堪為養。艮道化成指路明。有事成蠱論元亨。佳緣有信理自然。

相應財情體運之吉凶悔吝論斷要義詳述

【財運】—論吉。

【感情】—必論吉。

【身體】—必有吝。

【運勢】—論吉。

鼎之姤

邵康節【演義】——此爻主生於憂患。無可謀為。滿腹躊躇。惟有寄之長空。默叩蒼穹而已。占此者百事無成。且不免有意外之變。

必論問題關鍵

世爻資訊——二爻為靜爻辛亥《釵釧金》

關鍵事件——成卦【澤山咸】六五動爻己未《天上火》化壬申《劍鋒金》

易林取象——砥德礪材。果當成周。拜受大命。封為齊侯。

震初九——震來虩虩。後笑言啞啞。吉。象曰。震來虩虩。恐致福也。笑言啞啞。後有則也。

絕對吉凶論卦要義

吉凶事理敘作詩——黃耳金鉉利宜貞。乾象剛難拒八方。是成姤卦勿用取。有求無端志無方。

相應財情體運之吉凶悔吝論斷要義詳述

【財運】——有凶。

【感情】——有凶。

【身體】——論凶。

【運勢】——必論凶。

鼎之恆

邵康節【演義】—此爻主青雲得路。已然亨通。月上樓。上進也。雲中客。貴人也。春臺熙熙。事業增新。俱意中事。占之大吉。

必論問題關鍵

世爻資訊—二爻為靜爻辛亥《釵釧金》

關鍵事件—成卦【山風蠱】上九動爻己巳《大林木》化庚戌《釵釧金》

易林取象—該言譯語。仇禍相得。冰入炭室。消滅不息。

震六二—震來厲。億喪貝。躋于九陵。勿逐七日得。象曰。震來厲。乘剛也。

絕對吉凶論卦要義

吉凶事理敘作詩—鼎道既成重養賢。明動相資道化成。是得恆卦心事定。立志得貴主大吉。

相應財情體運之吉凶悔吝論斷要義詳述

【財運】—論吉。

【感情】—有悔。

【身體】—可論吉。

【運勢】—必論吉。

震之豫

邵康節【演義】—此爻首二句言些小禍患。不足憂懼。以正直無私也。草頭人。指姓氏言。如葛蘇萬黃諸姓氏。遇此等姓者。概能得其力。是在各人之因緣耳。占之上吉。

必論問題關鍵

世爻資訊—上爻為靜爻庚戌《釵釧金》

關鍵事件—成卦【澤天夬】初九動爻庚子《壁上土》化乙未《沙中金》

易林取象—金精耀怒。帶鈞通午。徘徊高庫。宿於木下。兩虎相拒。弓弩滿野。

震六三—震蘇蘇。震行无眚。象曰。震蘇蘇。位不當也。

絕對吉凶論卦要義

吉凶事理敘作詩—震道有吉必陽明。此心從坤廣道行。是得豫象建侯志。再逢福緣必上吉。

相應財情體運之吉凶悔吝論斷要義詳述

【財運】—有悔。

【感情】—論吉。

【身體】—有悔。

【運勢】—有吝。

震之歸妹

邵康節【演義】—此爻不宜妄想。只可謹守避禍。作福修善。默契天心。失意反能得意。無望轉成有望。若徒思維猜度。是擾亂心君也。占者慎之。

必論問題關鍵

世爻資訊—上爻為靜爻庚戌《釵釧金》

關鍵事件—成卦【巽為風】六二動爻庚寅《松柏木》化丁卯《爐中火》

易林取象—火雖熾。在吾後。寇雖眾。出我右。身安吉。不危殆。

震九四—震遂泥。象曰。震遂泥。未光也。

絕對吉凶論卦要義

吉凶事理敘作詩—柔順守中宜勿逐。亟心向兌不疑猜。歸妹有道善為行。契合天心保太平。

相應財情體運之吉凶悔吝論斷要義詳述

【財運】—可論吝。

【感情】—有凶。

【身體】—有吝。

【運勢】—必有吝。

震之豐

邵康節【演義】—此爻積德在祖宗。食報在子孫。片玉寸珠。皆功德也。後二句言諸事順遂。可操左券。毫無游移之象。占之者可預知有求必應。

必論問題關鍵

世爻資訊—上爻為靜爻庚戌《釵釧金》

關鍵事件—成卦【天澤履】六三動爻庚辰《白臘金》化己亥《平地木》

易林取象—旃裘羶國。文禮不飾。跨馬控弦。伐我都邑。

震六五—震。往來厲。億无喪有事。象曰。震往來厲。危行也。其事在中。大无喪也。

絕對吉凶論卦要義

吉凶事理敘作詩—蘇蘇復生食其德。此心象離應虛中。明動相乘主豐象。立志求謀應如心。

相應財情體運之吉凶悔吝論斷要義詳述

【財運】—必論吉。

【感情】—論吉。

【身體】—論吉。

【運勢】—論悔。

震之復

邵康節【演義】—此爻主孝子獲福。出而謀為。自有貴人相助。花落實結。喜氣盈門。占者有名利雙收之慶。

必論問題關鍵

世爻資訊—上爻為靜爻庚戌《釵釧金》

關鍵事件—成卦【澤山咸】九四動爻庚午《路旁土》化癸丑《桑拓木》

易林取象—載金販狗。利棄我走。藏匿淵底。折晦為咎。

震上六—震索索。視矍矍。征凶。震不于其躬于其鄰。无咎。婚媾有言。象曰。震索索。中未得也。雖凶无咎。畏鄰戒也。

絕對吉凶論卦要義

吉凶事理敘作詩—震遂泥本志難求。見坤无妄事化成。一陽復來名利光。福緣相助喜盈門。

相應財情體運之吉凶悔吝論斷要義詳述

【財運】—有悔。

【感情】—有悔。

【身體】—有凶。

【運勢】—可論吉。

震之隨

邵康節【演義】—此爻主時機未到。謀望難成。不必徒勞心力。懸懸諸事。一俟星回斗轉。方有成就之期。占此者須放下心事。樂得安甯。慎勿躁進。

必論問題關鍵

世爻資訊—上爻為靜爻庚戌《釵釧金》

關鍵事件—成卦【坎為水】六五動爻庚申《石榴木》化丁酉《山下火》

易林取象—江河淮海。天之奧府。眾利所聚。可以富有。好樂喜友。

艮初六—艮其趾。无咎。利永貞。象曰。艮其趾。未失正也。

絕對吉凶論卦要義

吉凶事理敘作詩—震往來厲明中道。外象由兑無其果。動悅向志應隨道。靜候來春方可期。

相應財情體運之吉凶悔吝論斷要義詳述

【財運】—必論凶。

【感情】—必論凶。

【身體】—有凶。

【運勢】—必論凶。

震之噬嗑

邵康節【演義】—此爻景況艱難。人口欠安。凡事不能從心所欲。惟有勤加修省。心地好時。黃楊厄閏亦許轉移也。占者當以悔過為要務。他可勿問。

必論問題關鍵

世爻資訊—上爻為變爻庚戌《釵釧金》

關鍵事件—成卦【山澤損】上六動爻庚戌《釵釧金》化己巳《大林木》

易林取象—旁行不遠。三里復反。心多畏惡。日中止舍。

艮六二—艮其腓。不拯其隨。其心不快。象曰。不拯其隨。未退聽也。

絕對吉凶論卦要義

吉凶事理敘作詩—極震之道必征凶。既成離象起戰爭。噬嗑除禍須自省。預戒其道免咎災。

相應財情體運之吉凶悔吝論斷要義詳述

【財運】—論凶。

【感情】—有凶。

【身體】—有吝。

【運勢】—必論凶。

艮之賁

邵康節【演義】—此爻識時在於觸機。察理在於得筊。神仙點化。在有意無意之間。占之者細心參悟。庶幾得之。

必論問題關鍵

世爻資訊—上爻為靜爻丙寅《爐中火》

關鍵事件—成卦【水風井】初六動爻丙辰《沙中土》化己卯《城頭土》

易林取象—春多膏澤。夏潤優渥。稼穡成熟。畝獲百斛。師行失律。霸功不遂。

艮九三—艮其限。列其夤。厲薰心。象曰。艮其限。危薰心也。

絕對吉凶論卦要義

吉凶事理敘作詩—無欲能定為艮道。此心作離悟自明。文采化得明賁象。玄機點化真通靈。

相應財情體運之吉凶悔吝論斷要義詳述

【財運】—論凶。

【感情】—必有悔。

【身體】—可論吉。

【運勢】—有吝。

艮之蠱

邵康節【演義】—此爻人爵雖貴。似實而虛。與得人爵。寧得天爵。占者務拿定主意。自選擇也。毋徒熱中也。

必論問題關鍵

世爻資訊—上爻為靜爻丙寅《爐中火》

關鍵事件—成卦【澤天夬】六二動爻丙午《天河水》化辛亥《釵釧金》

易林取象—七竅龍身。造易八元。法則天地。順時施恩。利以長存。

艮六四—艮其身。无咎。象曰。艮其身。止諸躬也。

絕對吉凶論卦要義

吉凶事理敘作詩—不拯其隨心難安。亟心從巽尋無端。振民育德蠱為志。長春自立練仙丹。

相應財情體運之吉凶悔吝論斷要義詳述

【財運】—論凶。

【感情】—有悔。

【身體】—論吉。

【運勢】—可論吉。

艮之剝

邵康節【演義】—此爻見兔顧犬。已嫌遲遲。及早籌思。方可弭患迎祥。生計永久。占者遇事。切莫遲疑不決。

必論問題關鍵

世爻資訊—上爻為靜爻丙寅《爐中火》

關鍵事件—成卦【水山蹇】九三動爻丙申《山下火》化乙卯《大溪水》

易林取象—二女共室。心不聊食。首髮如蓬。憂常在中。

艮六五—艮其輔。言有序。悔亡。象曰。艮其輔。以中正也。

絕對吉凶論卦要義

吉凶事理敘作詩—行止誤時多危厲。亟心入坤迷無方。終得剝象須陽復。常備無患勿疑遲。

相應財情體運之吉凶悔吝論斷要義詳述

【財運】—有凶。

【感情】—有吝。

【身體】—必有吝。

【運勢】—必論凶。

艮之旅

邵康節【演義】—此爻消息雖有。却須預防。得意固宜防失意。失意更宜防橫禍。總之一世為人。無日不當在恐懼中也。

必論問題關鍵

世爻資訊—上爻為靜爻丙寅《爐中火》

關鍵事件—成卦【山風蠱】六四動爻丙戌《屋上土》化己酉《大驛土》

易林取象—鳥舞國城。邑懼卒驚。仁德不脩。為下所傾。

艮上九—敦艮。吉。象曰。敦艮之吉。以厚終也。

絕對吉凶論卦要義

吉凶事理敘作詩—其道無為艮其身。離象澄明理自分。是成旅卦閑防事。如如不動定長安。

相應財情體運之吉凶悔吝論斷要義詳述

【財運】—論凶。

【感情】—必論凶。

【身體】—有吝。

【運勢】—必論凶。

艮之漸

邵康節【演義】—此爻主沈機觀變。因地制宜。全在操縱得法。不能拘守成規。所以然者。免是非耳。占者須博學慎思。明辨篤行。

必論問題關鍵

世爻資訊—上爻為靜爻丙寅《爐中火》

關鍵事件—成卦【天澤履】六五動爻丙子《澗下水》化辛巳《白臘金》

易林取象—比目四翼。安我邦國。上下无患。為吾喜福。

漸初六—鴻漸于干。小子厲。有言。无咎。象曰。小子之厲。義无咎也。

絕對吉凶論卦要義

吉凶事理敘作詩—艮道能為言有序。緣善行止道隨風。終得漸象因循志。明辨篤行論長安。

相應財情體運之吉凶悔吝論斷要義詳述

【財運】—有吝。

【感情】—必有吝。

【身體】—有悔。

【運勢】—論凶。

艮之謙

邵康節【演義】——此爻主功成身退。勿再插身名利場中。致求榮而反辱。為樂而興悲。占者當明出處之道。

必論問題關鍵

世爻資訊——上爻為變爻丙寅《爐中火》

關鍵事件——成卦【山水蒙】上九動爻丙寅《爐中火》化癸酉《劍鋒金》

易林取象——黍稷醇醲。敬奉山宗。神嗜飲食。甘雨嘉降。庶物蕃廡。時无災咎。

漸六二——鴻漸于磐。飲食衎衎。吉。象曰。飲食衎衎。不素飽也。

絕對吉凶論卦要義

吉凶事理敘作詩——艮道之終復行震。坤乾相錯吉凶生。明成謙卦一抔土。是非無端名利關。

相應財情體運之吉凶悔吝論斷要義詳述

【財運】——有吝。

【感情】——論凶。

【身體】——論凶。

【運勢】——有凶。

漸之家人

邵康節【演義】—此爻吉中有凶。命運未通。蜀道難行。舟中敵國。又有游移莫決。飄泊無定之象。占者務十分留意。

必論問題關鍵

世爻資訊—三爻為靜爻丙申《山下火》

關鍵事件—成卦【水風井】初六動爻丙辰《沙中土》化己卯《城頭土》

易林取象—大根不固。華葉落去。更為孤嫗。

漸九三—鴻漸于陸。夫征不復。婦孕不育。凶。利禦寇。象曰。夫征不復。離羣醜也。婦孕不育。失其道也。利用禦寇。順相保也。

絕對吉凶論卦要義

吉凶事理敘作詩—漸道之成知用柔。此心見離必自興。因果分明家人道。十分堅守不疑猜。

相應財情體運之吉凶悔吝論斷要義詳述

【財運】—有吝。

【感情】—有凶。

【身體】—有凶。

【運勢】—有凶。

漸之巽

邵康節【演義】—此爻目下常有小悔。故蘊玉之石晦而不彰。但久後可保无咎。故終笑逐顏開。占者處之以鎮定。應之以從容。可不煩思慮矣。

必論問題關鍵

世爻資訊—三爻為靜爻丙申《山下火》

關鍵事件—成卦【澤天夬】六二動爻丙午《天河水》化辛亥《釵釧金》

易林取象—跛躓未起。失利後市。不得鹿子。

漸六四—鴻漸于木。或得其桷。无咎。象曰。或得其桷。順以巽也。

絕對吉凶論卦要義

吉凶事理敘作詩—飲食衎衎居有孚。此心能巽思從容。巽象為道順風興。晦象明滅必乾行。

相應財情體運之吉凶悔吝論斷要義詳述

【財運】—有悔。

【感情】—論吉。

【身體】—有悔。

【運勢】—可論吉。

漸之觀

邵康節【演義】—此爻有知難而退之象。但不久仍見用於世。故園春色不減當年。受其賜者若登春臺。占者主當大任。特殊非易易耳。

必論問題關鍵

世爻資訊—三爻為變爻丙申《山下火》

關鍵事件—成卦【水山蹇】九三動爻丙申《山下火》化乙卯《大溪水》

易林取象—春鴻飛東。以馬贊金。利得十倍。重載歸鄉。

漸九五—鴻漸于陵。婦三歲不孕。終莫之勝。吉。象曰。終莫之勝吉。得所願也。

絕對吉凶論卦要義

吉凶事理敘作詩—漸道有凶利禦寇。此心從坤應無行。風行地上明觀象。來日得志應朝廷。

相應財情體運之吉凶悔吝論斷要義詳述

【財運】—有凶。

【感情】—論凶。

【身體】—論凶。

【運勢】—有凶。

漸之遯

邵康節【演義】—此爻主困而將通。喜信旦夕便至。畫龍點睛。行見破壁飛去。其騰達可知矣。占之大吉。

必論問題關鍵

世爻資訊—三爻為靜爻丙申《山下火》

關鍵事件—成卦【天風姤】六四動爻辛未《路旁土》化壬午《楊柳木》

易林取象—子長忠直。李氏為賊。禍及无嗣。司馬失福。

漸上九—鴻漸于陸。其羽可用為儀。吉。象曰。其羽可用為儀吉。不可亂也。

絕對吉凶論卦要義

吉凶事理敘作詩—漸道至善知巽順。其果化乾信如實。天下成山亨為遯。破難飛騰真大吉。

相應財情體運之吉凶悔吝論斷要義詳述

【財運】—有悔。

【感情】—可論吉。

【身體】—可論吉。

【運勢】—論吉。

漸之艮

邵康節【演義】—此爻守株待兔。了無佳趣。鳩鵲一枝。遇風飄飄。切莫沾沾自喜。恐遭覆巢之厄。占者當時時敬惕。刻刻提防。為未雨綢繆之計。

必論問題關鍵

世爻資訊—三爻為靜爻丙申《山下火》

關鍵事件—成卦【澤天夬】九五動爻辛巳《白臘金》化丙子《澗下水》

易林取象—虎豹熊羆。遊戲山谷。仁賢君子。得其所欲。

歸妹初九—歸妹以娣。跛能履。征吉。象曰。歸妹以娣。以恆也。跛能履吉。相承也。

絕對吉凶論卦要義

吉凶事理敘作詩—三歲不孕以漸道。艮象化成明有終。重重艮道知行止。未雨防閑定靜時。

相應財情體運之吉凶悔吝論斷要義詳述

【財運】—論凶。

【感情】—論凶。

【身體】—必有悔。

【運勢】—有吝。

漸之蹇

邵康節【演義】—此爻暫時安分。後此漸有機緣。不求自至。切勿因近年謀為不遂。常自嗟嘆。人事有得失。命運有否泰。目前不過少待耳。占者還應自喜。

必論問題關鍵

世爻資訊—三爻為靜爻丙申《山下火》

關鍵事件—成卦【澤水困】上九動爻辛卯《松柏木》化戊子《霹靂火》

易林取象—敏捷極疾。如猿集木。彤弓雖調。終不能獲。

歸妹九二—眇能視。利幽人之貞。象曰。利幽人之貞。未變常也。

絕對吉凶論卦要義

吉凶事理敘作詩—進退有道可為儀。坎象多艱利善行。安分從易明蹇道。否極泰來復何求。

相應財情體運之吉凶悔吝論斷要義詳述

【財運】—有凶。

【感情】—必有悔。

【身體】—必論吉。

【運勢】—可論吝。

歸妹之解

邵康節【演義】—此爻動不如靜。進不如退。安分守己。自顧不暇。是是非非。更不可管。倘不知戒。後悔莫及。占者須兢兢保守。切勿妄求非分。

必論問題關鍵

世爻資訊—三爻為靜爻丁丑《澗下水》

關鍵事件—成卦【澤水困】初九動爻丁巳《沙中土》化戊寅《城頭土》

易林取象—三羖五羜。相隨俱行。迷入空澤。循谷直北。經涉六駮。為所傷敗。

歸妹六三—歸妹以須。反歸以娣。象曰。歸妹以須。未當也。

絕對吉凶論卦要義

吉凶事理敘作詩—守常之道實歸妹。亟心化坎總向執。化得解象不知憂。妄求非分必無常。

相應財情體運之吉凶悔吝論斷要義詳述

【財運】—可論吝。

【感情】—有凶。

【身體】—有吝。

【運勢】—論凶。

歸妹之震

邵康節【演義】—此爻有談笑定亂之象。雖道迷流急。而得意歌唱。非舟輕風便。曷克臻此。占者主和光同塵。履險如夷。

必論問題關鍵

世爻資訊—三爻為靜爻丁丑《澗下水》

關鍵事件—成卦【兌為澤】九二動爻丁卯《爐中火》化庚寅《松柏木》

易林取象—火雖熾。在吾後。寇雖多。出我右。身安吉。不危殆。

歸妹九四—歸妹愆期。遲歸有時。象曰。愆期之志。有待而行也。

絕對吉凶論卦要義

吉凶事理敘作詩—幽人之貞應常道。此心從震實為主。應得震象復能亨。行止有道胤長安。

相應財情體運之吉凶悔吝論斷要義詳述

【財運】—可論吉。

【感情】—可論吉。

【身體】—有悔。

【運勢】—可論吉。

歸妹之大壯

邵康節【演義】—白玉黃金。何等珍重。蒙埋塵土瓦礫不若。然英英光輝。依然掩映。惜庸夫俗子。不見不知。一旦為人出之。初不減其重寶。占此爻者。有懷材莫用。埋沒蓬蒿之象。

必論問題關鍵

世爻資訊—三爻為變爻丁丑《澗下水》

關鍵事件—成卦【乾為天】六三動爻丁丑《澗下水》化甲辰《覆燈火》

易林取象—太公避紂。七十隱處。卒受聖文。為王室輔。

歸妹六五—帝乙歸妹。其君之袂。不如其娣之袂良。月幾望吉。象曰。帝乙歸妹。不如其娣之袂良也。其位在中。以貴行也。

絕對吉凶論卦要義

吉凶事理敘作詩—歸妹以須無明德。此心從乾擬光明。皆成大壯惟利貞。潛龍勿用待天時。

相應財情體運之吉凶悔吝論斷要義詳述

【財運】—必論凶。

【感情】—有吝。

【身體】—有吝。

【運勢】—必論凶。

歸妹之臨

邵康節【演義】──此爻與人無緣。祇有齟齬。故無安甯之象。乏和樂之時。占之者小心提防為是。

必論問題關鍵

世爻資訊──三爻為靜爻丁丑《澗下水》

關鍵事件──成卦【天水訟】九四動爻庚午《路旁土》化癸丑《桑拓木》

易林取象──伯夷叔齊。貞廉之師。以德防患。憂禍不存。

歸妹上六──女承筐无實。士刲羊无血。无攸利。象曰。上六无實。承虛筐也。

絕對吉凶論卦要義

吉凶事理敘作詩──歸妹愆期待其志。一陽化坤退無行。有凶之臨應閑邪。自省為道明善緣。

相應財情體運之吉凶悔吝論斷要義詳述

【財運】──論凶。

【感情】──論凶。

【身體】──有吝。

【運勢】──有凶。

歸妹之兌

邵康節【演義】—此爻行不由徑。故外憂而內實安。事成有望。理所當然。何必苦苦疑慮耶。占者只管放心做去。

必論問題關鍵

世爻資訊—三爻為靜爻丁丑《澗下水》

關鍵事件—成卦【巽為風】六五動爻庚申《石榴木》化丁酉《山下火》

易林取象—延頸望酒。不入我口。深目自苦。利得无有。幽人悅喜。

豐初九—遇其配主。雖旬无咎。往有尚。象曰。雖旬无咎。過旬災也。

絕對吉凶論卦要義

吉凶事理敘作詩—中以貴行惟尚德。行非常經兌為鄰。復得兌象事能亨。寬心勿疑啓前程。

相應財情體運之吉凶悔吝論斷要義詳述

【財運】—有悔。

【感情】—論吉。

【身體】—論吉。

【運勢】—必論吉。

歸妹之睽

邵康節【演義】—此爻落魄他鄉。無人救拔。故一聞鳥音笛聲。輒動悲思。占此者主出行有災。兼防臥病。

必論問題關鍵

世爻資訊—三爻為靜爻丁丑《澗下水》

關鍵事件—成卦【水天需】上六動爻庚戌《釵釧金》化己巳《大林木》

易林取象—刲羊不當。女執空筐。兔跛鹿踦。緣山墜墮。讒佞亂作。

豐六二—豐其蔀。日中見斗。往得疑疾。有孚發若。吉。象曰。有孚發若。信以發志也。

絕對吉凶論卦要義

吉凶事理敘作詩—歸妹之終无攸利。離象錯坎明艱難。又逢睽象主孤刑。憔悴行悲落魄臨。

相應財情體運之吉凶悔吝論斷要義詳述

【財運】—必有吝。

【感情】—必論凶。

【身體】—論凶。

【運勢】—論凶。

豐之小過

邵康節【演義】—此爻主避凶趨吉。不可妄為。始以無故而受困。終亦得便而脫險。總之禍福隨人轉移。天道初無私也。占之者各自審擇可也。

必論問題關鍵

世爻資訊—五爻為靜爻庚申《石榴木》

關鍵事件—成卦【水山蹇】初九動爻己卯《城頭土》化丙辰《沙中土》

易林取象—罟密網縮。動益蹶急。困不得息。

豐九三—豐其沛。日中見沬。折其右肱。无咎。象曰。豐其沛。不可大事也。折其右肱。終不可用也。

絕對吉凶論卦要義

吉凶事理敘作詩—明動相資為豐道。此心如艮知有定。小過大吉明為坎。禍福由心信自得。

相應財情體運之吉凶悔吝論斷要義詳述

【財運】—有悔。

【感情】—有悔。

【身體】—可論吝。

【運勢】—有悔。

豐之大壯

邵康節【演義】—此爻得意在失意之後。安樂當憂患之餘。佳運轉來。己且不料。遑論他人。占之中吉。

必論問題關鍵

世爻資訊—五爻為靜爻庚申《石榴木》

關鍵事件—成卦【山水蒙】六二動爻己丑《霹靂火》化甲寅《大溪水》

易林取象—封羊不當。女執空筐。兔跛鹿踦。緣山墜墮。

豐九四—豐其蔀。日中見斗。遇其夷主。吉。象曰。豐其蔀。位不當也。日中見斗。幽不明也。遇其夷主吉。行也。

絕對吉凶論卦要義

吉凶事理敘作詩—信以發志為明主。虛中化實具乾能。是成大壯皆陽道。枯木逢春溢馨華。

相應財情體運之吉凶悔吝論斷要義詳述

【財運】—可論吉。

【感情】—論吉。

【身體】—論吉。

【運勢】—可論吉。

豐之震

邵康節【演義】—此爻失丰得半。有失之東隅收之桑榆之象。後二句應親友中有姓口旁者。堪託其借箸代籌。占者不必焦慮。

必論問題關鍵

世爻資訊—五爻為靜爻庚申《石榴木》

關鍵事件—成卦【水風井】九三動爻己亥《平地木》化庚辰《白臘金》

易林取象—衛侯東遊。惑於少姬。亡我考妣。久迷不來。

豐六五—來章。有慶譽。吉。象曰。六五之吉。有慶也。

絕對吉凶論卦要義

吉凶事理敘作詩—折其右肱問得失。亟心由震應無常。震象重重明亨道。口象多貴勿憂虞。

相應財情體運之吉凶悔吝論斷要義詳述

【財運】—有悔。

【感情】—有悔。

【身體】—必有悔。

【運勢】—可論吉。

豐之明夷

邵康節【演義】—此爻主助己之人。轉是當年弟子。前來接引。無不盡力。故云雙喜照雙眉。占之者有因人成事。獨立無功之象。

必論問題關鍵

世爻資訊—五爻為靜爻庚申《石榴木》

關鍵事件—成卦【水澤節】九四動爻庚午《路旁土》化癸丑《桑拓木》

易林取象—兩足四翼。飛入嘉國。寧我伯姊。與母相得。

豐上六—豐其屋。蔀其家。闚其戶。闃其无人。三歲不覿。凶。象曰。豐其屋。天際翔也。闚其戶。闃其无人。自藏也。

絕對吉凶論卦要義

吉凶事理敘作詩—遇其夷主盛其德。坤象無際主順行。明夷有道相應人。桃李能圓喜連眉。

相應財情體運之吉凶悔吝論斷要義詳述

【財運】—有悔。

【感情】—有悔。

【身體】—論凶。

【運勢】—可論吉。

豐之革

邵康節【演義】—此爻主春風得意。錦上添花。垂三尺鈎。為善之喻言也。凡勇於為善者。事事無不如願。故云。占之者宜多積陰功。為自己廣種福田。

必論問題關鍵

世爻資訊—五爻為變爻庚申《石榴木》

關鍵事件—成卦【乾為天】六五動爻庚申《石榴木》化丁酉《山下火》

易林取象—魂孤无室。銜指不食。盜張民餌。見敵失福。

旅初六—旅瑣瑣。斯其所取災。象曰。旅瑣瑣。志窮災也。

絕對吉凶論卦要義

吉凶事理敘作詩—來章虛己逢慶譽。兑象既成四海名。是得革卦善有孚。如意連綿作福田。

相應財情體運之吉凶悔吝論斷要義詳述

【財運】—可論吉。

【感情】—論吉。

【身體】—可論吉。

【運勢】—必論吉。

豐之離

邵康節【演義】—此爻貧富遞嬗。榮枯迭換。非圓融渾脫。善與人交。雖能乘時。終無緣也。占者須注重天時人和兩項。

必論問題關鍵

世爻資訊—五爻為靜爻庚申《石榴木》

關鍵事件—成卦【澤水困】上六動爻庚戌《釵釧金》化己巳《大林木》

易林取象—早霜晚雪。傷害禾麥。損功棄力。飢无可食。

旅六二—旅即次。懷其資。得童僕貞。象曰。得童僕貞。終无尤也。

絕對吉凶論卦要義

吉凶事理敘作詩—豐道有極旅象來。離象散盡無常事。重重離火光明志。三才兩全方得圓。

相應財情體運之吉凶悔吝論斷要義詳述

【財運】—必論凶。

【感情】—必論凶。

【身體】—必論凶。

【運勢】—必論凶。

旅之離

邵康節【演義】—此爻絕門絕路諸事不利。含沙射影。更防暗算。占得此者。速深居韜晦。矢志行善。庶幾災禍可解。

必論問題關鍵

世爻資訊—初爻為變爻丙辰《沙中土》

關鍵事件—成卦【天山遯】初六動爻丙辰《沙中土》化己卯《城頭土》

易林取象—既痴且狂。兩目又盲。箕踞喑啞。名為无中。

旅九三—旅焚其次。喪其童僕。貞厲。象曰。旅焚其次。亦以傷矣。以旅與下。其義喪也。

絕對吉凶論卦要義

吉凶事理敘作詩—旅道最忌志守窮。此心不定爭坎離。重重離火多凶道。矢志行善勿謀求。

相應財情體運之吉凶悔吝論斷要義詳述

【財運】—有吝。

【感情】—可論吝。

【身體】—有凶。

【運勢】—必論凶。

旅之鼎

邵康節【演義】—此爻停辛佇苦。僅積得薄貲。一旦反其素行。任意浪費。宜黃金一別。永不復還也。草頭人。喻言草頭黃也。人。金字上半也。合即黃金二字。占此者務崇尚節儉。

必論問題關鍵

世爻資訊—初爻為靜爻丙辰《沙中土》

關鍵事件—成卦【水風井】六二動爻丙午《天河水》化辛亥《釵釧金》

易林取象—躬履孔德。以待束帶。文君燎獵。呂尚獲福。號稱太師。封建齊國。

旅九四—旅于處。得其資斧。我心不快。象曰。旅于處。未得位也。得其資斧。心未快也。

絕對吉凶論卦要義

吉凶事理敘作詩—旅道得安以中德。敬慎有失實順悅。縱成鼎卦元亨象。富貴無還悔無成。

相應財情體運之吉凶悔吝論斷要義詳述

【財運】—可論吝。

【感情】—有凶。

【身體】—必論凶。

【運勢】—有凶。

旅之晉

邵康節【演義】—此爻主做善降祥。仁人必富。故金玉滿贏。米粟盈倉。從此不用求謀。無往而非佳境。但益須孝友和睦。培植根本。

必論問題關鍵

世爻資訊—初爻為靜爻丙辰《沙中土》

關鍵事件—成卦【天澤履】九三動爻丙申《山下火》化乙卯《大溪水》

易林取象—鷦鷯竊脂。巢於小枝。搖動不安。為風所吹。心寒飄搖。常憂危殆。

旅六五—射雉一矢亡。終以譽命。象曰。終以譽命。上逮也。

絕對吉凶論卦要義

吉凶事理敘作詩—旅焚其次義不安。亟心化坤體順德。必成晉象光明現。此後如心自有得。

相應財情體運之吉凶悔吝論斷要義詳述

【財運】—必有悔。

【感情】—可論吉。

【身體】—可論吉。

【運勢】—論吉。

旅之艮

邵康節【演義】—此爻月明花發。明示興盛之象。故所求可不勞而獲。所遇皆志同道合。占此者無庸憂慮。放膽前行可也。

必論問題關鍵

世爻資訊—初爻為靜爻丙辰《沙中土》

關鍵事件—成卦【山澤損】九四動爻己酉《大驛土》化丙戌《屋上土》

易林取象—艮夫淑女。配合相保。多孫眾子。懽樂長久。

旅上九—鳥焚其巢。旅人先笑後號咷。喪牛于易。凶。象曰。以旅在上。其義焚也。喪牛于易。終莫之聞也。

絕對吉凶論卦要義

吉凶事理敘作詩—我心不快志未得。艮象化成在其中。是得艮象如實果。有求即得志何憂。

相應財情體運之吉凶悔吝論斷要義詳述

【財運】—必論吉。

【感情】—論吉。

【身體】—必有悔。

【運勢】—必論吉。

旅之遯

邵康節【演義】—此爻雄飛在即。不必以口才為捷徑。辭令之美。無殊蛇足也。占此者待時而動自有佳遇。乃亨通之象也。

必論問題關鍵

世爻資訊—初爻為靜爻丙辰《沙中土》

關鍵事件—成卦【澤山咸】六五動爻己未《天上火》化壬申《劍鋒金》

易林取象—彭名為妖。暴龍作災。盜堯衣裳。聚跖荷兵。青禽照夜。三旦夷亡。

巽初六—進退。利武人之貞。象曰。進退。志疑也。利武人之貞。志治也。

絕對吉凶論卦要義

吉凶事理敘作詩—旅道至善得譽命。蒼穹化現論乾行。自重迎貴善為遯。機緣有時事亨通。

相應財情體運之吉凶悔吝論斷要義詳述

【財運】—可論吉。

【感情】—論吉。

【身體】—論吉。

【運勢】—論吉。

旅之小過

邵康節【演義】—此爻有謀定後動之象。周公仰思待旦。非好名也。必通盤籌算。推敲盡善。夫而後志甯神定。占之者遇事必先思維一番。方免孟浪之害。

必論問題關鍵

世爻資訊—初爻為靜爻丙辰《沙中土》

關鍵事件—成卦【山風蠱】上九動爻己巳《大林木》化庚戌《釵釧金》

易林取象—依宵夜遊。與大君俱。除解煩惑。使我无憂。

巽九二—巽在牀下。用史巫紛若。吉。无咎。象曰。紛若之吉。得中也。

絕對吉凶論卦要義

吉凶事理敘作詩—柔順謙下為旅道。震象無端虎化成。敬慎防閑是小過。謀定後動自能吉。

相應財情體運之吉凶悔吝論斷要義詳述

【財運】—有凶。

【感情】—有吝。

【身體】—必有吝。

【運勢】—必論凶。

巽之小畜

邵康節【演義】——此爻青雲得路。魚躍鳶飛。出門有功。愈遠愈妙。乃大吉之兆也。占之者速遠行。

必論問題關鍵

世爻資訊——上爻為靜爻辛卯《松柏木》

關鍵事件——成卦【天澤履】初六動爻辛丑《壁上土》化甲子《海中金》

易林取象——闇目不明。耳闕聽聰。陷入深淵。滅頂憂凶。

巽九三——頻巽吝。象曰。頻巽之吝。志窮也。

絕對吉凶論卦要義

吉凶事理敘作詩——申命行事主巽道。此心從乾是有為。天下行風皆小畜。遠方大利夬決行。

相應財情體運之吉凶悔吝論斷要義詳述

【財運】——可論吉。

【感情】——有悔。

【身體】——論吉。

【運勢】——必論吉。

巽之漸

邵康節【演義】—此爻无妄之災不過暫時。一屆陽春。晦星自退。從此大有可為。亦不必急流勇退。可止則止。未晚也。

必論問題關鍵

世爻資訊—上爻為靜爻辛卯《松柏木》

關鍵事件—成卦【山天大畜】九二動爻辛亥《釵釧金》化丙午《天河水》

易林取象—戴盆望天。不見星辰。顧小失大。福逃墻外。

巽六四—悔亡。田。獲三品。象曰。田獲三品。有功也。

絕對吉凶論卦要義

吉凶事理敘作詩—卑巽有吉必得中。此心從艮知行止。終是漸卦尋積累。應時屈復自有為。

相應財情體運之吉凶悔吝論斷要義詳述

【財運】—論悔。

【感情】—有凶。

【身體】—可論吉。

【運勢】—論吉。

巽之渙

邵康節【演義】—此爻雲中鶴月下人。均有翛然世外之象。含飴鼓腹。盛世之民也。果何所憂慮而不歡樂乎。占之者吉。

必論問題關鍵

世爻資訊—上爻為靜爻辛卯《松柏木》

關鍵事件—成卦【山水蒙】九三動爻辛酉《石榴木》化戊午《天上火》

易林取象—畫龍頭頸。文章未成。甘言美語。說辭无名。

巽九五—貞吉。悔亡。无不利。无初有終。先庚三日。後庚三日。吉。象曰。九五之吉。位正中也。

絕對吉凶論卦要義

吉凶事理敘作詩—頻巽無決實吝道。從坎為智理自明。是成渙卦無足憂。福祿具足享太平。

相應財情體運之吉凶悔吝論斷要義詳述

【財運】—必論吉。

【感情】—論悔。

【身體】—有悔。

【運勢】—必論吉。

巽之姤

邵康節【演義】—此爻若要成。不可懈。愚公移山。夸父逐日。愚之至也。然惟大愚之人乃有恆心。倘一遲疑。不知其可矣。占者須堅忍以持之。毋為人言所誘惑。

必論問題關鍵

世爻資訊—上爻為靜爻辛卯《松柏木》

關鍵事件—成卦【山澤損】六四動爻辛未《路旁土》化壬午《楊柳木》

易林取象—隨風乘龍。興利相逢。田獲三倍。商旅有功。憧憧之邑。長安无他。

巽上九—巽在牀下。喪其資斧。貞凶。象曰。巽在牀下。上窮也。喪其資斧。正乎凶也。

絕對吉凶論卦要義

吉凶事理敘作詩—履正行命獲三品。乾道化成必乾行。萬事得興是姤象。堅忍無疑恆為得。

相應財情體運之吉凶悔吝論斷要義詳述

【財運】—論吉。

【感情】—可論吉。

【身體】—有吝。

【運勢】—有悔。

巽之蠱

邵康節【演義】—此爻進退維谷。游移莫決者。得失心太重也。明珠一顆。誤盡蒼生。其警人貪得之心至矣。占者臨事當以義理為重。不可患得患失。

必論問題關鍵

世爻資訊—上爻為靜爻辛卯《松柏木》

關鍵事件—成卦【天山遯】九五動爻辛巳《白臘金》化丙子《澗下水》

易林取象—平國不君。夏氏作亂。烏號竊發。靈公殞命。

兑初九—和兑。吉。象曰。和兑之吉。行未疑也。

絕對吉凶論卦要義

吉凶事理敘作詩—丁寧揆度明始終。艮象險出利名關。終成蠱象無端事。執迷得失輪迴傷。

相應財情體運之吉凶悔吝論斷要義詳述

【財運】—論凶。

【感情】—可論吉。

【身體】—有吝。

【運勢】—論凶。

巽之井

邵康節【演義】—此爻主手敏心靈。措置維先。更喜循依軌轍。不入歧途。目前即不甚得意。能免是非亦幸事也。占此者不必灰心。自墮平生之志。

必論問題關鍵

世爻資訊—上爻為變爻辛卯《松柏木》

關鍵事件—成卦【天風姤】上九動爻辛卯《松柏木》化戊子《霹靂火》

易林取象—山水暴怒。壞梁折柱。稽難行旅。留連愁苦。

兌九二—孚兌。吉。悔亡。象曰。孚兌之吉。信志也。

絕對吉凶論卦要義

吉凶事理敘作詩—巽道至極須斷決。坎象化出險道成。幸逢井象立安靖。察微窮隱真不疑。

相應財情體運之吉凶悔吝論斷要義詳述

【財運】—論凶。

【感情】—可論吉。

【身體】—有悔。

【運勢】—必論凶。

兌之困

邵康節【演義】—機緣不至。困如涸轍之鮒。一旦得水。自攸然逝。占此爻者。忍耐需時。不必焦急。時至便扶搖直上。非復當年之困屯矣。

必論問題關鍵

世爻資訊—上爻為靜爻丁未《天河水》

關鍵事件—成卦【澤水困】初九動爻丁巳《沙中土》化戊寅《城頭土》

易林取象—隱隱填填。火燒山根。不潤我鄰。獨不蒙恩。

兌六三—來兌。凶。象曰。來兌之凶。位不當也。

絕對吉凶論卦要義

吉凶事理敘作詩—和兌吉道行中節。此心從坎苦志時。縱得困象亦能亨。應時能忍魚化龍。

相應財情體運之吉凶悔吝論斷要義詳述

【財運】—論凶。

【感情】—有凶。

【身體】—論悔。

【運勢】—有凶。

兌之隨

邵康節【演義】──此爻主官運亨通。財星高照。富貴尊榮。造物安排已定。占之者吉。

必論問題關鍵

世爻資訊──上爻為靜爻丁未《天河水》

關鍵事件──成卦【兌為澤】九二動爻丁卯《爐中火》化庚寅《松柏木》

易林取象──瞻白因弦。駑孱恐怯。任力墮劣。如蜎見鵲。偃視恐伏。不敢拒格。

兌九四──商兌未寧。介疾有喜。象曰。九四之喜。有慶也。

絕對吉凶論卦要義

吉凶事理敘作詩──孚兌為吉信以志。此心龍象巽命行。天下隨時應定方。財官有得作主張。

相應財情體運之吉凶悔吝論斷要義詳述

【財運】──必論吉。

【感情】──論吉。

【身體】──有悔。

【運勢】──必論吉。

兌之夬

邵康節【演義】—積久必彰。鬱久必發。根基堅固無從震撼。空而不空。自然騰達。此爻象也。占此者知積善之家必有餘慶。可立而待也。

必論問題關鍵

世爻資訊—上爻為靜爻丁未《天河水》

關鍵事件—成卦【乾為天】六三動爻丁丑《澗下水》化甲辰《覆燈火》

易林取象—叔迎兄弟。遇恭在陽。君子季姬。並坐鼓簧。

兌九五—孚于剝。有厲。象曰。孚于剝。位正當也。

絕對吉凶論卦要義

吉凶事理敘作詩—兌道至善有利貞。虛空化實志能乾。明成夬卦天予福。積善為功喜慶餘。

相應財情體運之吉凶悔吝論斷要義詳述

【財運】—必論吉。

【感情】—有悔。

【身體】—可論吉。

【運勢】—論吉。

兌之節

邵康節【演義】—此爻主行人即歸。謀望可成。得人扶助。久旱逢霖。佳兆也。占之大吉。

必論問題關鍵

世爻資訊—上爻為靜爻丁未《天河水》

關鍵事件—成卦【風山漸】九四動爻丁亥《屋上土》化戊申《大驛土》

易林取象—命天不遂。死多鬼祟。妻子啼瘖。早失其雄。

兌上六—引兌。象曰。上六引兌。未光也。

絕對吉凶論卦要義

吉凶事理敘作詩—介疾有喜行剛正。坎道成澤應福臨。是得節卦祿滿溢。福緣必來保志成。

相應財情體運之吉凶悔吝論斷要義詳述

【財運】—必有悔。

【感情】—論吉。

【身體】—有悔。

【運勢】—必論吉。

兌之歸妹

邵康節【演義】—此爻主謀幹須勤。奔波徒勞。必用鐵槍磨針之功。方能漸入佳境。占此者可望上進。但須歷過辛勤耳。

必論問題關鍵

世爻資訊—上爻為靜爻丁未《天河水》

關鍵事件—成卦【巽為風】九五動爻丁酉《山下火》化庚申《石榴木》

易林取象—養虎畜狼。還自賊傷。年歲息長。疾君拜禱。雖危不凶。

渙初六—用拯馬壯。吉。象曰。初六。之。吉順也。

絕對吉凶論卦要義

吉凶事理敘作詩—有厲論疾失其孚。震象龍行必應時。悅道能恆知歸妹。知行乾乾方可如。

相應財情體運之吉凶悔吝論斷要義詳述

【財運】—有悔。

【感情】—可論吉。

【身體】—可論吉。

【運勢】—有悔。

兌之履

邵康節【演義】—此爻主諸事不吉。占病不利。名財兩空。胎孕有驚。行人不至。謀事不遂。能自猛省。亦可挽回天心。

必論問題關鍵

世爻資訊—上爻為變爻丁未《天河水》

關鍵事件—成卦【乾為天】上六動爻丁未《天河水》化壬戌《大海水》

易林取象—下田陸黍。萬華生齒。大雨霖集。波病潰腐。

渙九二—渙。奔其机。悔亡。象曰。渙奔其机。得願也。

絕對吉凶論卦要義

吉凶事理敘作詩—極兌之象難無私。天地有道錯乾坤。履象化成知行止。亟心嗜欲萬劫生。

相應財情體運之吉凶悔吝論斷要義詳述

【財運】—論凶。

【感情】—必有吝。

【身體】—必有吝。

【運勢】—必有吝。

渙之中孚

邵康節【演義】—鹿者。祿也。人能獲祿。何事不可團圓。門外索。門庭如市之象也。
占此爻者中吉。

必論問題關鍵

世爻資訊—五爻為靜爻辛巳《白臘金》

關鍵事件—成卦【風天小畜】初六動爻戊寅《城頭土》化丁巳《沙中土》

易林取象—牽羊不前。與心戾旋。聞言不信。誤紿大人。

渙六三—渙其躬。无悔。象曰。渙其躬。志在外也。

絕對吉凶論卦要義

吉凶事理敘作詩—風水成渙應三才。兌象有志廣德成。中孚為信自得祿。繁華應庭志能圓。

相應財情體運之吉凶悔吝論斷要義詳述

【財運】—有悔。

【感情】—可論吉。

【身體】—有悔。

【運勢】—必有悔。

渙之觀

邵康節【演義】—此爻主出不利。諸事不順。交易折本。家業凋零。作速退守。尚恐不保。妄意進行。更生不測。占者戒之。

必論問題關鍵

世爻資訊—五爻為靜爻辛巳《白臘金》

關鍵事件—成卦【風山漸】九二動爻戊辰《大林木》化乙巳《覆燈火》

易林取象—鳥飛无翼。兔走折足。雖欲會同。未得豎功。

渙六四—渙其羣。元吉。渙有丘。匪夷所思。象曰。渙其羣元吉。光大也。

絕對吉凶論卦要義

吉凶事理敘作詩—心難安者渙其機。亟心成坤主道迷。是得觀象知敬慎。諸事不宜利無情。

相應財情體運之吉凶悔吝論斷要義詳述

【財運】—必論凶。

【感情】—有吝。

【身體】—有凶。

【運勢】—必有吝。

渙之巽

邵康節【演義】—月鈎風線。君子而隱於漁者也。舉網煙波。錦鱗易見。隨遇而安也。
占此者宜退居。不利見大人。

必論問題關鍵

世爻資訊—五爻為靜爻辛巳《白臘金》

關鍵事件—成卦【澤風大過】六三動爻戊午《天上火》化辛酉《石榴木》

易林取象—南國少子。材畧美好。求我長女。賤薄不與。反得醜惡。後乃天悔。

渙九五—渙。汗其大號。渙王居无咎。象曰。王居无咎。正位也。

絕對吉凶論卦要義

吉凶事理敘作詩—渙其躬道其志遠。此心從巽自得安。復得巽卦迎風起。凡事順緣心意足。

相應財情體運之吉凶悔吝論斷要義詳述

【財運】—必論凶。

【感情】—論凶。

【身體】—必論吉。

【運勢】—可論吉。

渙之訟

邵康節【演義】—此爻曰關鎖。使人緘口也。曰提防。恐人失足也。不謹細行。終累大德。後二句之註脚也。占者須身體而力行之。

必論問題關鍵

世爻資訊—五爻為靜爻辛巳《白臘金》

關鍵事件—成卦【風山漸】六四動爻辛未《路旁土》化壬午《楊柳木》

易林取象—二牛生狗。以戌為母。荊夷上侵。姬伯出走。

渙上九—渙其血去逖出。无咎。象曰。渙其血遠害也。

絕對吉凶論卦要義

吉凶事理敘作詩—渙其羣乃元吉道。乾象多競必防閑。終成訟卦知謀始。小節不戒招鉅殃。

相應財情體運之吉凶悔吝論斷要義詳述

【財運】—必有吝。

【感情】—論凶。

【身體】—有凶。

【運勢】—可論吝。

渙之蒙

邵康節【演義】—此爻境地平常。安享自然。儘可自樂其樂。莫管閒事閒非。若能積德累仁。定卜興盛之兆。占者須守知止不辱之語。

必論問題關鍵

世爻資訊—五爻為變爻辛巳《白臘金》

關鍵事件—成卦【水風井】九五動爻辛巳《白臘金》化丙子《澗下水》

易林取象—因禍受福。喜盈其室。求事皆得。

節初九—不出戶庭。无咎。象曰。不出戶庭。知通塞也。

絕對吉凶論卦要義

吉凶事理敘作詩—渙王居主正其位。外象如艮惟光明。君子自重明蒙象。莫問是非世外仙。

相應財情體運之吉凶悔吝論斷要義詳述

【財運】—必有吝。

【感情】—有凶。

【身體】—必有吝。

【運勢】—論凶。

渙之坎

邵康節【演義】—此爻言心不徒勞。事無不濟。能得人力吹拂。自然獲福無涯。占者果能不辭勞瘁。皇天必不負苦心人也。

必論問題關鍵

世爻資訊—五爻為靜爻辛巳《白臘金》

關鍵事件—成卦【水天需】上九動爻辛卯《松柏木》化戊子《霹靂火》

易林取象—子畏於匡。困於陳蔡。明德不危。竟免厄害。

節九二—不出門庭。凶。象曰。不出門庭凶。失時極也。

絕對吉凶論卦要義

吉凶事理敘作詩—渙道至極主散離。外象化坎無須疑。有孚維心明坎道。艱忍有成賴乾行。

相應財情體運之吉凶悔吝論斷要義詳述

【財運】—有悔。

【感情】—有悔。

【身體】—論凶。

【運勢】—有悔。

節之坎

邵康節【演義】—此爻主尋柳問花。躬行非義。驚懼故倏然而來。然設遇欺詐凌虐者。久必剪除之而後快。是仍不失為豪俠也。區區虛驚。雖受無傷。

必論問題關鍵

世爻資訊—初爻為變爻丁巳《沙中土》

關鍵事件—成卦【山澤損】初九動爻丁巳《沙中土》化戊寅《城頭土》

易林取象—群隊虎狼。齧彼牛羊。道路不通。妨農害商。

節六三—不節若。則嗟若。无咎。象曰。不節之嗟。又誰咎也。

絕對吉凶論卦要義

吉凶事理敘作詩—戶庭不出乃守貞。亟心化坎險道生。重重坎象須為智。三毒斬滅渡我真。

相應財情體運之吉凶悔吝論斷要義詳述

【財運】—論凶。

【感情】—有凶。

【身體】—論凶。

【運勢】—有吝。

節之屯

邵康節【演義】—此爻鈎心鬪角。煞費心機。失諸毫釐。差以千里。欲求戰勝。非勢均力敵不可。占者切勿輕心掉之。

必論問題關鍵

世爻資訊—初爻為靜爻丁巳《沙中土》
關鍵事件—成卦【艮為山】九二動爻丁卯《爐中火》化庚寅《松柏木》
易林取象—日望一食。常恐不足。祿命寡薄。
節六四—安節。亨。象曰。安節之亨。承上道也。

絕對吉凶論卦要義

吉凶事理敘作詩—節道有凶惟失時。亟心化震起無端。居貞建侯立屯道。諸事有孚方言真。

相應財情體運之吉凶悔吝論斷要義詳述

【財運】—有吝。
【感情】—必論凶。
【身體】—論凶。
【運勢】—有凶。

節之需

邵康節【演義】—此爻有力爭上游。惡居下流之象。後二句警人尤深。坑塹地獄也。占之者速宜回頭猛省。以此語為座右銘。

必論問題關鍵

世爻資訊—初爻為靜爻丁巳《沙中土》

關鍵事件—成卦【坎為水】六三動爻丁丑《澗下水》化甲辰《覆燈火》

易林取象—鵲巢烏城。上下不親。內外乖畔。子走矢頑。

節九五—甘節。吉。往有尚。象曰。甘節之吉。居位中也。

絕對吉凶論卦要義

吉凶事理敘作詩—不明知節應無間。亟心從乾復輪迴。需象不進尋自困。中正回首見此身。

相應財情體運之吉凶悔吝論斷要義詳述

【財運】—必有吝。

【感情】—論凶。

【身體】—必論凶。

【運勢】—論凶。

節之兌

邵康節【演義】—此爻主夫賢妻良。琴瑟和諧。通力合作。鼓舞歡欣。雖南面王不易也。占之者無悔吝。

必論問題關鍵

世爻資訊—初爻為靜爻丁巳《沙中土》

關鍵事件—成卦【風天小畜】六四動爻戊申《大驛土》化丁亥《屋上土》

易林取象—傳說王良。駿御四龍。周徑萬里。无有危凶。

節上六—苦節。貞凶。悔亡。象曰。苦節貞凶。其道窮也。

絕對吉凶論卦要義

吉凶事理敘作詩—安節之亨本自性。坎象成兌志欣欣。重重兌象盡亨道。陰陽和慶喜年年。

相應財情體運之吉凶悔吝論斷要義詳述

【財運】—必論吉。

【感情】—可論吉。

【身體】—論吉。

【運勢】—必論吉。

節之臨

邵康節【演義】—此爻始雖執迷。終能醒悟。放下屠刀。立地成佛。改頭換面。判若兩人。占此者亟宜三復斯言。毋見幾而不作也。

必論問題關鍵

世爻資訊—初爻為靜爻丁巳《沙中土》

關鍵事件—成卦【風水渙】九五動爻戊戌《平地木》化癸亥《大海水》

易林取象—奢淫愛嗇。神所不福。靈祇憑怒。鬼障其室。

中孚初九—虞吉。有他不燕。象曰。初九虞吉。志未變也。

絕對吉凶論卦要義

吉凶事理敘作詩—甘節有吉明善道。坎象化坤主迷途。是臨八月應玄機。識破玄關應此時。

相應財情體運之吉凶悔吝論斷要義詳述

【財運】—有凶。

【感情】—可論吉。

【身體】—有悔。

【運勢】—必有悔。

節之中孚

邵康節【演義】—此爻主家食不吉。出外餬口。五湖四海。言不必局於一隅也。占者亦利出行。則衣食寬裕多矣。

必論問題關鍵

世爻資訊—初爻為靜爻丁巳《沙中土》

關鍵事件—成卦【山風蠱】上六動爻戊子《霹靂火》化辛卯《松柏木》

易林取象—江有寶珠。海多大魚。亟行疾至。所以得財。

中孚九二—鳴鶴在陰。其子和之。我有好爵。吾與爾靡之。象曰。其子和之。中心願也。

絕對吉凶論卦要義

吉凶事理敘作詩—苦節之志豈長安。坎象化巽隨風行。中孚相得行有信。不困一隅四海遊。

相應財情體運之吉凶悔吝論斷要義詳述

【財運】—有悔。

【感情】—論凶。

【身體】—有吝。

【運勢】—論悔。

中孚之渙

邵康節【演義】——此爻救人反是救己。報施不差累黍。先憂後樂故一笑也。占者只須勉為其難。無慮豐亨之不遂。

必論問題關鍵

世爻資訊——四爻為靜爻辛未《路旁土》

關鍵事件——成卦【水天需】初九動爻丁巳《沙中土》化戊寅《城頭土》

易林取象——生不逢時。困且多憂。年衰老極。中心悲愁。

中孚六三——得敵。或鼓或罷。或泣或歌。象曰。或鼓或罷。位不當也。

絕對吉凶論卦要義

吉凶事理敘作詩——中孚能信明始終。亟心化坎多疑猜。或得渙卦陰陽報。積德獲福以志成。

相應財情體運之吉凶悔吝論斷要義詳述

【財運】——論悔。

【感情】——有悔。

【身體】——必有吝。

【運勢】——有悔。

中孚之益

邵康節【演義】—此爻見光明之士。必享尊榮之報。天聽民聽。天視民視。人之所作所為。能一一與天心相合。尚何塵埃之有。占者主大吉大利。

必論問題關鍵

世爻資訊—四爻為靜爻辛未《路旁土》

關鍵事件—成卦【坎為水】九二動爻丁卯《爐中火》化庚寅《松柏木》

易林取象—父鰥无偶。思配織女。求其非望。自令寡處。

中孚六四—月幾望。馬匹亡。无咎。象曰。馬匹亡。絕類上也。

絕對吉凶論卦要義

吉凶事理敘作詩—實德至善引中孚。化龍乘願如道行。天心常住實益象。吉祥福臻放光明。

相應財情體運之吉凶悔吝論斷要義詳述

【財運】—可論吉。

【感情】—可論吉。

【身體】—有悔。

【運勢】—必論吉。

中孚之小畜

邵康節【演義】—此爻事業之成毫不費力。鵬程有分。初立偶然。蓋有求必應矣。惠迪則吉。占之者有到處逢迎之象。

必論問題關鍵

世爻資訊—靜四爻為爻辛未《路旁土》

關鍵事件—成卦【巽為風】六三動爻丁丑《澗下水》化甲辰《覆燈火》

易林取象—鳥升鵲舉。照臨東海。庬降庭堅。為陶叔後。封於英六。福履綏厚。

中孚九五—有孚攣如。无咎。象曰。有孚攣如。位正當也。

絕對吉凶論卦要義

吉凶事理敘作詩—悅極之道枉信孚。此心如乾信得真。陰畜陽道明小畜。所求如心事和成。

相應財情體運之吉凶悔吝論斷要義詳述

【財運】—可論吉。

【感情】—論悔。

【身體】—論悔。

【運勢】—論吉。

中孚之履

邵康節【演義】—此爻主為凶兆。家門招禍。夫妻離散。財業失敗。官司遭抑。占此者。切戒比匪。或可免橫逆之來。

必論問題關鍵

世爻資訊—四爻為變爻辛未《路旁土》

關鍵事件—成卦【天風姤】六四動爻辛未《路旁土》化壬午《楊柳木》

易林取象—四目相視。稍近同軌。日昳之後。見吾伯姊。

中孚上九—翰音登于天。貞凶。象曰。翰音登于天。何可長也。

絕對吉凶論卦要義

吉凶事理敘作詩—至誠無亢應无咎。巽果化乾諸業興。必得履象必敬慎。比匪成因事無寧。

相應財情體運之吉凶悔吝論斷要義詳述

【財運】—論凶。

【感情】—必論凶。

【身體】—有吝。

【運勢】—必論凶。

中孚之損

邵康節【演義】—此爻事事如意。貿易興隆。近悅遠來。可保通達。然必抱鴒原之痛。占者務刻刻留意。毋使不幸言而中。

必論問題關鍵

世爻資訊—四爻為靜爻辛未《路旁土》

關鍵事件—成卦【澤天夬】九五動爻辛巳《白臘金》化丙子《澗下水》

易林取象—雄聖伏名。人匿麟驚。走鳳飛北。亂潰未息。

小過初六—飛鳥以凶。象曰。飛鳥以凶。不可如何也。

絕對吉凶論卦要義

吉凶事理敘作詩—有孚攣如具至誠。艮象既明悅有得。然成損卦凶為道。如意之外在情關。

相應財情體運之吉凶悔吝論斷要義詳述

【財運】—可論吉。

【感情】—論吉。

【身體】—有吝。

【運勢】—必有悔。

中孚之節

邵康節【演義】—此爻既入佳境。必不致有挫跌之虞。然仍當內存善心。外行善事。以保永久。失意時占之極驗。

必論問題關鍵

世爻資訊—四爻為靜爻辛未《路旁土》

關鍵事件—成卦【澤水困】上九動爻辛卯《松柏木》化戊子《霹靂火》

易林取象—出門蹉跌。看道後旅。買羊逸亡。取物逃走。空手握拳。坐恨相咎。

小過六二—過其祖。遇其妣。不及其君。遇其臣。无咎。象曰。不及其君。臣不可過也。

絕對吉凶論卦要義

吉凶事理敘作詩—極虛無實中孚盡。行坎明道路自行。終得節象是有亨。漸入佳境體善行。

相應財情體運之吉凶悔吝論斷要義詳述

【財運】—可論吉。

【感情】—論吉。

【身體】—有悔。

【運勢】—有悔。

小過之豐

邵康節【演義】—此爻主仁人君子。自有賢者與之契合。或推或挽。飛升在反掌之間。何以致此。積德故也。惟積德而後能日升月恆。是為善之要可知矣。占者勉之。

必論問題關鍵

世爻資訊—四爻為靜爻庚午《路旁土》

關鍵事件—成卦【澤天夬】初六動爻丙辰《沙中土》化己卯《城頭土》

易林取象—反鼻岐頭。三寡獨居。

小過九三—弗過防之。從或戕之。凶。象曰。從或戕之。凶如何也。

絕對吉凶論卦要義

吉凶事理敘作詩—飛鳥凶道在無明。艮象化離業自臨。豐主多故宜積德。仁人相應立功名。

相應財情體運之吉凶悔吝論斷要義詳述

【財運】—論凶。

【感情】—必有吝。

【身體】—可論吝。

【運勢】—可論吝。

小過之恆

邵康節【演義】──此爻變故倏來。事難有濟。禍從口出。交貴心知。占者遇事不必畏難。但守默緘。非其人切勿與之相商。如是則轉覺歡然。

必論問題關鍵

世爻資訊──四爻為靜爻庚午《路旁土》

關鍵事件──成卦【山水蒙】六二動爻丙午《天河水》化辛亥《釵釧金》

易林取象──窗牖戶房。通利光明。賢智輔聖。仁德大行。家給人足。海內殷昌。

小過九四──无咎。弗過遇之。往厲必戒。勿用永貞。象曰。弗過遇之。位不當也。往厲必戒。終不可長也。

絕對吉凶論卦要義

吉凶事理敘作詩──柔中得正善小過。巽兌成象謹言行。立不易方明恆道。小人禍災必能離。

相應財情體運之吉凶悔吝論斷要義詳述

【財運】──論凶。

【感情】──有吝。

【身體】──論凶。

【運勢】──可論吝。

小過之豫

邵康節【演義】—此爻受人害者。終不受害。因知之者深也。若小有中傷。曾不足措意。卒之磨而不緇。初未損其毫末。自古道高毀來。望重謗至者不知凡幾。此即具象也。

必論問題關鍵

世爻資訊—四爻為靜爻庚午《路旁土》

關鍵事件—成卦【澤風大過】九三動爻丙申《山下火》化乙卯《大溪水》

易林取象—低頭竊視。有所畏避。行作不利。酒酢魚餒。眾莫貪嗜。

小過六五—密雲不雨。自我西郊。公弋取彼在穴。象曰。密雲不雨。已上也。

絕對吉凶論卦要義

吉凶事理敘作詩—敬小慎微陽閑陰。此心如坤以厚德。必成豫象奮雷動。是非無執顯光明。

相應財情體運之吉凶悔吝論斷要義詳述

【財運】—必有吝。

【感情】—必有吝。

【身體】—論悔。

【運勢】—必論凶。

小過之謙

邵康節【演義】—倚樓獨思也。獨思則愁腸千轉矣。不若澹於世味。一切安排。付諸大造。憂慮自渙然冰釋。古人今朝有酒今朝醉。誠達觀也。占者可以思之。

必論問題關鍵

世爻資訊—四爻為變爻庚午《路旁土》

關鍵事件—成卦【天水訟】九四動爻庚午《路旁土》化癸丑《桑拓木》

易林取象—牛耳聾聵。不曉齊味。委以鼎俎。治亂憒憒。

小過上六—弗遇過之。飛鳥離之。凶。是謂災眚。象曰。弗遇過之。已亢也。

絕對吉凶論卦要義

吉凶事理敘作詩—小過為坎勿從陰。坤道執迷本多憂。謙退有終達觀道。諸事應緣何問天。

相應財情體運之吉凶悔吝論斷要義詳述

【財運】—可論吝。

【感情】—論凶。

【身體】—論凶。

【運勢】—必有吝。

小過之咸

邵康節【演義】—此爻主交友須慎。苟得良友。譬如逢春。能使枯木再生。故須專心致心以結合之。他日自可得其死力。若二三其德。有初鮮終。莫怪畢生潦倒矣。占者宜玩味此語。

必論問題關鍵

世爻資訊—四爻為靜爻庚午《路旁土》

關鍵事件—成卦【巽為風】六五動爻庚申《石榴木》化丁酉《山下火》

易林取象—倉盈庾億。宜稼黍稷。年歲有息。

既濟初九—曳其輪。濡其尾。无咎。象曰。曳其輪。義无咎也。

絕對吉凶論卦要義

吉凶事理敘作詩—小過無成理當明。兌象毀折二三心。咸道相應知為定。知行專一大道行。

相應財情體運之吉凶悔吝論斷要義詳述

【財運】—必論凶。

【感情】—必有吝。

【身體】—有吝。

【運勢】—論凶。

小過之旅

邵康節【演義】—此爻亦主困而後亨。剝而始復。初為雲霧所障。憂患頻仍。終乃天日重開。門路廣大。人但自求多福。不患人之不己知。占此者毋自懈亦勿自餒。

必論問題關鍵

世爻資訊—四爻為靜爻庚午《路旁土》

關鍵事件—成卦【水天需】上六動爻庚戌《釵釧金》化己巳《大林木》

易林取象—衣裳顛倒。為王來呼。成就東周。封受大福。

既濟六二—婦喪其茀。勿逐七日得。象曰。七日得。以中道也。

絕對吉凶論卦要義

吉凶事理敘作詩—小過至極中孚道。離火象日主光明。但從旅象惟自修。見險有識智能亨。

相應財情體運之吉凶悔吝論斷要義詳述

【財運】—必有吝。

【感情】—必論凶。

【身體】—論凶。

【運勢】—必有吝。

既濟之蹇

邵康節【演義】—此爻出息雖微。勝於坐食。若能勤懇。秋收必豐。凡百事業。小就亦有佳處。不可以其小而忽之也。占之者試思之。

必論問題關鍵

世爻資訊—三爻為靜爻己亥《平地木》

關鍵事件—成卦【水山蹇】初九動爻己卯《城頭土》化丙辰《沙中土》

易林取象—茹芝餌黃。飲酒玉英。與神流通。長无憂凶。

既濟九三—高宗。伐鬼方。三年克之。小人勿用。象曰。三年。克之。憊也。

絕對吉凶論卦要義

吉凶事理敘作詩—警戒閑防論吉道。艮象由心有定思。縱逢蹇卦心安處。時序入秋富有得。

相應財情體運之吉凶悔吝論斷要義詳述

【財運】—可論吉。

【感情】—論吉。

【身體】—論凶。

【運勢】—可論吉。

既濟之需

邵康節【演義】—此爻首二句。謂一言既出。駟馬難追。後二句。為金人緘口。所以寡尤。占者務以慎言為是。

必論問題關鍵

世爻資訊—三爻為靜爻己亥《平地木》

關鍵事件—成卦【山水蒙】六二動爻己丑《霹靂火》化甲寅《大溪水》

易林取象—乘龍吐光。使暗後明。燎獵大得。六師以昌。

既濟六四—繻有衣袽。終日戒。象曰。終。日戒。有所疑也。

絕對吉凶論卦要義

吉凶事理敘作詩—勿逐復得惟中正。離火化乾必有言。健入險中明需象。是非常指爭訟時。

相應財情體運之吉凶悔吝論斷要義詳述

【財運】—有吝。

【感情】—論凶。

【身體】—論凶。

【運勢】—必論凶。

既濟之屯

邵康節【演義】—此爻能下死功夫。便有好收成。從前血汗悉變金錢。前因後果。如是如是。占之者其勉旃。

必論問題關鍵

世爻資訊—三爻為變爻己亥《平地木》

關鍵事件—成卦【水風井】九三動爻己亥《平地木》化庚辰《白臘金》

易林取象—人无足法。緩除才出。雄走羊驚。不失其家。

既濟九五—東鄰殺牛。不如西鄰之禴祭。實受其福。象曰。東鄰殺牛。不如西鄰之時也。實受其福。吉大來也。

絕對吉凶論卦要義

吉凶事理敘作詩—既濟之道主定恆。此心從震必行龍。是得屯卦立侯事。一心乾乾志能全。

相應財情體運之吉凶悔吝論斷要義詳述

【財運】—必有悔。

【感情】—可論吉。

【身體】—必有吝。

【運勢】—有悔。

既濟之革

邵康節【演義】—此爻男子志在四方。冒險前進。自有益處。七八君行早。利於七八月出行也。揚武在沙場。其地名有一沙字者為佳也。

必論問題關鍵

世爻資訊—三爻為靜爻己亥《平地木》

關鍵事件—成卦【風天小畜】六四動爻戊申《大驛土》化丁亥《屋上土》

易林取象—甘露醴泉。太平機關。仁德感應。歲樂民安。

既濟上六—濡其首厲。象曰。濡其首厲何可久也。

絕對吉凶論卦要義

吉凶事理敘作詩—既濟有定終日戒。兌象化成起志行。革道改命知乾如。順行秋道立功勳。

相應財情體運之吉凶悔吝論斷要義詳述

【財運】—必論吉。

【感情】—論悔。

【身體】—可論吉。

【運勢】—可論吉。

既濟之明夷

邵康節【演義】—此爻有傾心主人。東南盡美之象。我忠於主人。主人自必愛於我。報施之道也。大開廣厦。居停之樂可知矣。

必論問題關鍵

世爻資訊—三爻為靜爻己亥《平地木》

關鍵事件—成卦【風水渙】九五動爻戊戌《平地木》化癸亥《大海水》

易林取象—魚鱉貪餌。死於網釣。受危國寵。為身殃咎。

未濟初六—濡其尾。吝。象曰。濡其尾。亦不知極也。

絕對吉凶論卦要義

吉凶事理敘作詩—至誠有道明既濟。坎象化坤隨廣邑。呑日昏冥主明夷。無疑傾心必太平。

相應財情體運之吉凶悔吝論斷要義詳述

【財運】—必論吉。

【感情】—必論吉。

【身體】—必有悔。

【運勢】—可論吝。

既濟之家人

邵康節【演義】—從前不知。一向糊塗錯過。今既明白。豈肯輕易放過。此爻實寓此意。占此者須作速醒悟。

必論問題關鍵

世爻資訊—三爻為靜爻己亥《平地木》

關鍵事件—成卦【山風蠱】上六動爻戊子《霹靂火》化辛卯《松柏木》

易林取象—金精輝怒。帶劍過午。徘徊高庫。宿於山谷。兩虎相拒。弓矢滿野。

未濟九二—曳其輪。貞吉。象曰。九二貞吉。中以行正也。

絕對吉凶論卦要義

吉凶事理敘作詩—萬物窮道終既濟。反生巽道相錯行。因果不易家人道。既入玄門豈復還。

相應財情體運之吉凶悔吝論斷要義詳述

【財運】—有凶。

【感情】—論凶。

【身體】—必有悔。

【運勢】—可論吉。

未濟之睽

邵康節【演義】—此爻主名利稱心。不求自得。雖由地利天時亦緣人和以濟。動靜咸宜。自茲進步。平安吉慶。高枕無憂。占此者非徒自喜。人亦羨之。

必論問題關鍵

世爻資訊—三爻為靜爻戊午《天上火》

關鍵事件—成卦【風天小畜】初六動爻戊寅《城頭土》化丁巳《沙中土》

易林取象—獫狁匪度。治兵焦穫。伐鎬及方。與周爭彊。元戎其駕。衰及夷王。

未濟六三—未濟。征凶。利涉大川。象曰。未濟征凶。位不當也。

絕對吉凶論卦要義

吉凶事理敘作詩—未濟濡尾真吝道。此心能兌應言吉。睽道至善以悅明。萬事無憂喜太平。

相應財情體運之吉凶悔吝論斷要義詳述

【財運】—必論吉。

【感情】—論吉。

【身體】—論吉。

【運勢】—必論吉。

未濟之晉

邵康節【演義】—此爻有壯夫失路。貧女傷春之象。後二句垂戒至深。占者切莫仍得失縈懷。憂思喪志。不如聽其自然為達觀也。

必論問題關鍵

世爻資訊—三爻為靜爻戊午《天上火》

關鍵事件—成卦【風山漸】九二動爻戊辰《大林木》化乙巳《覆燈火》

易林取象—鳥鴟搏翼。以避陰賊。盜伺二女。賴厥生福。旱災為疾。君无黍稷。

未濟九四—貞吉。悔亡。震用伐鬼方。三年有。賞于大國。象曰。貞吉。悔亡。志行也。

絕對吉凶論卦要義

吉凶事理敘作詩—曳其輪主戒用剛。坎象化坤已執迷。晉道有為體自然。無執得失是達觀。

相應財情體運之吉凶悔吝論斷要義詳述

【財運】—必有吝。

【感情】—必論凶。

【身體】—有吝。

【運勢】—必有吝。

未濟之鼎

邵康節【演義】—此爻羣小謀害。然無主名。即使申辯。亦難昭雪。幸被誣不過暫時。依然重見天日。則亦無須記恨他人也。占之者務須度量寬宏。勿斤斤與小人計較。

必論問題關鍵

世爻資訊—三爻為變爻戊午《天上火》

關鍵事件—成卦【澤風大過】六三動爻戊午《天上火》化辛酉《石榴木》

易林取象—龍渴求飲。黑雲景從。河伯捧醴。跪進酒漿。流潦滂滂。

未濟六五—貞吉。无悔。君子之光。有孚。吉。象曰。君子之光。其暉吉也。

絕對吉凶論卦要義

吉凶事理敘作詩—未濟征凶力未足。亟心從巽不定向。然得鼎卦有亨道。寬宏為懷顯光明。

相應財情體運之吉凶悔吝論斷要義詳述

【財運】—必有吝。

【感情】—必有悔。

【身體】—有凶。

【運勢】—必有悔。

未濟之蒙

邵康節【演義】—此爻主任勞任怨。須得赤心。他日實至名歸。方無慚夫清議。否則問心亦將不自安矣。占者亦取法於是。

必論問題關鍵

世爻資訊—三爻為靜爻戊午《天上火》

關鍵事件—成卦【山澤損】九四動爻己酉《大驛土》化丙戌《屋上土》

易林取象—比陸藏氷。君子心悲。困於粒食。鬼驚我門。

未濟上九—有孚于飲酒。无咎。濡其首。有孚失是。象曰。飲酒濡首。亦不知節也。

絕對吉凶論卦要義

吉凶事理敘作詩—志行無返功無計。艮道有終虎龍應。是成蒙象須自省。立孚中正鼓利名。

相應財情體運之吉凶悔吝論斷要義詳述

【財運】—論吉。

【感情】—有凶。

【身體】—必有吝。

【運勢】—論凶。

未濟之訟

邵康節【演義】—此爻主喪亂流離。接踵而至。內憂外患。莫可消弭。有歌哭不得。進退兩難之象。占之者以得保身為幸。

必論問題關鍵

世爻資訊—三爻為靜爻戊午《天上火》

關鍵事件—成卦【澤山咸】六五動爻己未《天上火》化壬申《劍鋒金》

易林取象—比目四翼。來安吾國。福喜上堂。與我同床。

乾初九—潛龍勿用。象曰。潛龍勿用。陽在下也。

絕對吉凶論卦要義

吉凶事理敘作詩—君子之光宜有孚。離象化乾主禍臨。天水違行是成訟。進退伏吟弭業行。

相應財情體運之吉凶悔吝論斷要義詳述

【財運】—可論吝。

【感情】—論凶。

【身體】—有凶。

【運勢】—有吝。

未濟之解

邵康節【演義】—此爻歷盡崎嶇。始達平陽。勞苦有之。危險則未也。壺中有天。自是別成一境。至此乃信跋涉之非徒勞。而終獲佳果矣。占之中吉。

必論問題關鍵

世爻資訊—三爻為靜爻戊午《天上火》

關鍵事件—成卦【山風蠱】上九動爻己巳《大林木》化庚戌《釵釧金》

易林取象—承川決水。為吾之祟。使我心憒。毋樹麻枲。居止凶咎。

乾九二—見龍在田。利見大人。象曰。見龍在田。德施普也。

絕對吉凶論卦要義

吉凶事理敘作詩—業成之道慎始終。震象為果自不同。是得解卦圓諸事。重重山水敬逍遙。

相應財情體運之吉凶悔吝論斷要義詳述

【財運】—論吉。

【感情】—必有悔。

【身體】—有悔。

【運勢】—必論吉。

坤誌天地陰陽聖譜

由時空三才數以得卦象之簡要法說明詳述申論分析與三八四卦表列呈象

相應起心動念以成卦，此由時空環境月日時分所相應之數，配合過去現在未來，其既定未定之間而言三才數。

其中相對起心動念時機，其月日時三數皆為過去，故論為既定，此既定為環境，依成卦之理當為外經卦，既言環境又為時空，故當論天時，由易數取卦之道，將月日時三數總合相對八經卦之變化，故知此總合除八之餘數即為卦象，此須由先天卦卦數，蓋先天為體，由以上申論，知天數所相應之卦象居外經卦，其餘三才數之人與地，其得卦爻變之理，亦同上述。

依起課正法，由月日時三數總合除八所得之餘數來居首位數，而月日時分四數總合除八之餘數居次位數，再以月日時分四數總合除六之餘數居末位數，如起課範例即為一一一，此三數稱之為三才數，對照【三才數相應卦象檢查表】，即可知為乾之姤卦象。

再例，若首位數即天數為二，次位數即人數為二，末位數即地數亦為二，則三才數為二二二，對照檢查表所得卦即為兌之隨，此三才數對照卦象之法，任何人皆得方便運用，其檢表如下，計八篇三八四卦。

外經卦為乾即天數為一之四十八卦三才數對應卦象表

一一一 乾之姤 39頁	一二一 履之訟 93頁	一三一 同人之遯 111頁	一四一 无妄之否 183頁	一五一 姤之乾 297頁	一六一 訟之履 69頁	一七一 遯之同人 231頁	一八一 否之无妄 105頁
一一二 乾之同人 40頁	一二二 履之无妄 94頁	一三二 同人之乾 112頁	一四二 无妄之履 184頁	一五二 姤之遯 298頁	一六二 訟之否 70頁	一七二 遯之姤 232頁	一八二 否之訟 106頁
一一三 乾之履 41頁	一二三 履之乾 95頁	一三三 同人之无妄 113頁	一四三 无妄之同人 185頁	一五三 姤之訟 299頁	一六三 訟之姤 71頁	一七三 遯之否 233頁	一八三 否之遯 107頁
一一四 乾之小畜 42頁	一二四 履之中孚 96頁	一三四 同人之家人 114頁	一四四 无妄之益 186頁	一五四 姤之巽 300頁	一六四 訟之渙 72頁	一七四 遯之漸 234頁	一八四 否之觀 108頁
一一五 乾之大有 43頁	一二五 履之睽 97頁	一三五 同人之離 115頁	一四五 无妄之噬嗑 187頁	一五五 姤之鼎 301頁	一六五 訟之未濟 73頁	一七五 遯之旅 235頁	一八五 否之晉 109頁
一一六 乾之夬 44頁	一二六 履之兌 98頁	一三六 同人之革 116頁	一四六 无妄之隨 188頁	一五六 姤之大過 302頁	一六六 訟之困 74頁	一七六 遯之咸 236頁	一八六 否之萃 110頁

外經卦論兌即天數為二是四十八卦三才數對應卦象表

二一一 夬之大過 291頁	二二一 兌之困 381頁	二三一 革之咸 327頁	二四一 隨之萃 135頁	二五一 大過之夬 201頁	二六一 困之兌 315頁	二七一 咸之革 219頁	二八一 萃之隨 303頁
二一二 夬之革 292頁	二二二 兌之隨 382頁	二三二 革之夬 328頁	二四二 隨之兌 136頁	二五二 大過之咸 202頁	二六二 困之萃 316頁	二七二 咸之大過 220頁	二八二 萃之困 304頁
二一三 夬之兌 293頁	二二三 兌之夬 383頁	二三三 革之隨 329頁	二四三 隨之革 137頁	二五三 大過之困 203頁	二六三 困之大過 317頁	二七三 咸之萃 221頁	二八三 萃之咸 305頁
二一四 夬之需 294頁	二二四 兌之節 384頁	二三四 革之既濟 330頁	二四四 隨之屯 138頁	二五四 大過之井 204頁	二六四 困之坎 318頁	二七四 咸之蹇 222頁	二八四 萃之比 306頁
二一五 夬之大壯 295頁	二二五 兌之歸妹 385頁	二三五 革之豐 331頁	二四五 隨之震 139頁	二五五 大過之恆 205頁	二六五 困之解 319頁	二七五 咸之小過 223頁	二八五 萃之豫 307頁
二一六 夬之乾 296頁	二二六 兌之履 386頁	二三六 革之同人 332頁	二四六 隨之无妄 140頁	二五六 大過之姤 206頁	二六六 困之訟 320頁	二七六 咸之遯 224頁	二八六 萃之否 308頁

外經卦本離是天數為三即四十八卦三才數對應卦象表

三一一 大有之鼎 117頁	三二一 睽之未濟 261頁	三三一 離之旅 213頁	三四一 噬嗑之晉 159頁	三五一 鼎之大有 333頁	三六一 未濟之睽 417頁	三七一 旅之離 369頁	三八一 晉之噬嗑 243頁
三一二 大有之離 118頁	三二二 睽之噬嗑 262頁	三三二 離之大有 214頁	三四二 噬嗑之睽 160頁	三五二 鼎之旅 334頁	三六二 未濟之晉 418頁	三七二 旅之鼎 370頁	三八二 晉之未濟 244頁
三一三 大有之睽 119頁	三二三 睽之大有 263頁	三三三 離之噬嗑 215頁	三四三 噬嗑之離 161頁	三五三 鼎之未濟 335頁	三六三 未濟之鼎 419頁	三七三 旅之晉 371頁	三八三 晉之旅 245頁
三一四 大有之大畜 120頁	三二四 睽之損 264頁	三三四 離之賁 216頁	三四四 噬嗑之頤 162頁	三五四 鼎之蠱 336頁	三六四 未濟之蒙 420頁	三七四 旅之艮 372頁	三八四 晉之剝 246頁
三一五 大有之乾 121頁	三二五 睽之履 265頁	三三五 離之同人 217頁	三四五 噬嗑之无妄 163頁	三五五 鼎之姤 337頁	三六五 未濟之訟 421頁	三七五 旅之遯 373頁	三八五 晉之否 247頁
三一六 大有之大壯 122頁	三二六 睽之歸妹 266頁	三三六 離之豐 218頁	三四六 噬嗑之震 164頁	三五六 鼎之恆 338頁	三六六 未濟之解 422頁	三七六 旅之小過 374頁	三八六 晉之豫 248頁

外經卦當震象天數為四論四十八卦三才數對應卦象表

四一一 大壯之恆 237頁	四二一 歸妹之解 357頁	四三一 豐之小過 363頁	四四一 震之豫 339頁	四五一 恆之大壯 225頁	四六一 解之歸妹 273頁	四七一 小過之豐 405頁	四八一 豫之震 129頁
四一二 大壯之豐 238頁	四二二 歸妹之震 358頁	四三二 豐之大壯 364頁	四四二 震之歸妹 340頁	四五二 恆之小過 226頁	四六二 解之豫 274頁	四七二 小過之恆 406頁	四八二 豫之解 130頁
四一三 大壯之歸妹 239頁	四二三 歸妹之大壯 359頁	四三三 豐之震 365頁	四四三 震之豐 341頁	四五三 恆之解 227頁	四六三 解之恆 275頁	四七三 小過之豫 407頁	四八三 豫之小過 131頁
四一四 大壯之泰 240頁	四二四 歸妹之臨 360頁	四三四 豐之明夷 366頁	四四四 震之復 342頁	四五四 恆之升 228頁	四六四 解之師 276頁	四七四 小過之謙 408頁	四八四 豫之坤 132頁
四一五 大壯之夬 241頁	四二五 歸妹之兌 361頁	四三五 豐之革 367頁	四四五 震之隨 343頁	四五五 恆之大過 229頁	四六五 解之困 277頁	四七五 小過之咸 409頁	四八五 豫之萃 133頁
四一六 大壯之大有 242頁	四二六 歸妹之睽 362頁	四三六 豐之離 368頁	四四六 震之噬嗑 344頁	四五六 恆之鼎 230頁	四六六 解之未濟 278頁	四七六 小過之旅 410頁	四八六 豫之晉 134頁

外經卦是巽即天數為五論四十八卦三才數對應卦象表

五一一 小畜之巽 87頁	五二一 中孚之渙 399頁	五三一 家人之漸 255頁	五四一 益之觀 285頁	五五一 巽之小畜 375頁	五六一 渙之中孚 387頁	五七一 漸之家人 351頁	五八一 觀之益 153頁
五一二 小畜之家人 88頁	五二二 中孚之益 400頁	五三二 家人之小畜 256頁	五四二 益之中孚 286頁	五五二 巽之漸 376頁	五六二 渙之觀 388頁	五七二 漸之巽 352頁	五八二 觀之渙 154頁
五一三 小畜之中孚 89頁	五二三 中孚之小畜 401頁	五三三 家人之益 257頁	五四三 益之家人 287頁	五五三 巽之渙 377頁	五六三 渙之巽 389頁	五七三 漸之觀 353頁	五八三 觀之漸 155頁
五一四 小畜之乾 90頁	五二四 中孚之履 402頁	五三四 家人之同人 258頁	五四四 益之无妄 288頁	五五四 巽之姤 378頁	五六四 渙之訟 390頁	五七四 漸之遯 354頁	五八四 觀之否 156頁
五一五 小畜之大畜 91頁	五二五 中孚之損 403頁	五三五 家人之賁 259頁	五四五 益之頤 289頁	五五五 巽之蠱 379頁	五六五 渙之蒙 391頁	五七五 漸之艮 355頁	五八五 觀之剝 157頁
五一六 小畜之需 92頁	五二六 中孚之節 404頁	五三六 家人之既濟 260頁	五四六 益之屯 290頁	五五六 巽之井 380頁	五六六 渙之坎 392頁	五七六 漸之蹇 356頁	五八六 觀之比 158頁

外經卦處坎即天數為六論四十八卦三才數對應卦象表

六一一 需之井 63頁	六二一 節之坎 393頁	六三一 既濟之蹇 411頁	六四一 屯之比 51頁	六五一 井之需 321頁	六六一 坎之節 207頁	六七一 蹇之既濟 267頁	六八一 比之屯 81頁
六一二 需之既濟 64頁	六二二 節之屯 394頁	六三二 既濟之需 412頁	六四二 屯之節 52頁	六五二 井之蹇 322頁	六六二 坎之比 208頁	六七二 蹇之井 268頁	六八二 比之坎 82頁
六一三 需之節 65頁	六二三 節之需 395頁	六三三 既濟之屯 413頁	六四三 屯之既濟 53頁	六五三 井之坎 323頁	六六三 坎之井 209頁	六七三 蹇之比 269頁	六八三 比之蹇 83頁
六一四 需之夬 66頁	六二四 節之兌 396頁	六三四 既濟之革 414頁	六四四 屯之隨 54頁	六五四 井之大過 324頁	六六四 坎之困 210頁	六七四 蹇之咸 270頁	六八四 比之萃 84頁
六一五 需之泰 67頁	六二五 節之臨 397頁	六三五 既濟之明夷 415頁	六四五 屯之復 55頁	六五五 井之升 325頁	六六五 坎之師 211頁	六七五 蹇之謙 271頁	六八五 比之坤 85頁
六一六 需之小畜 68頁	六二六 節之中孚 398頁	六三六 既濟之家人 416頁	六四六 屯之益 56頁	六五六 井之巽 326頁	六六六 坎之渙 212頁	六七六 蹇之漸 272頁	六八六 比之觀 86頁

外經卦成艮即天數為七知四十八卦三才數對應卦象表

七一一 大畜之蠱 189頁	七二一 損之蒙 279頁	七三一 賁之艮 165頁	七四一 頤之剝 195頁	七五一 蠱之大畜 141頁	七六一 蒙之損 57頁	七七一 艮之賁 345頁	七八一 剝之頤 171頁
七一二 大畜之賁 190頁	七二二 損之頤 280頁	七三二 賁之大畜 166頁	七四二 頤之損 196頁	七五二 蠱之艮 142頁	七六二 蒙之剝 58頁	七七二 艮之蠱 346頁	七八二 剝之蒙 172頁
七一三 大畜之損 191頁	七二三 損之大畜 281頁	七三三 賁之頤 167頁	七四三 頤之賁 197頁	七五三 蠱之蒙 143頁	七六三 蒙之蠱 59頁	七七三 艮之剝 347頁	七八三 剝之艮 173頁
七一四 大畜之大有 192頁	七二四 損之睽 282頁	七三四 賁之離 168頁	七四四 頤之噬嗑 198頁	七五四 蠱之鼎 144頁	七六四 蒙之未濟 60頁	七七四 艮之旅 348頁	七八四 剝之晉 174頁
七一五 大畜之小畜 193頁	七二五 損之中孚 283頁	七三五 賁之家人 169頁	七四五 頤之益 199頁	七五五 蠱之巽 145頁	七六五 蒙之渙 61頁	七七五 艮之漸 349頁	七八五 剝之觀 175頁
七一六 大畜之泰 194頁	七二六 損之臨 284頁	七三六 賁之明夷 170頁	七四六 頤之復 200頁	七五六 蠱之升 146頁	七六六 蒙之師 62頁	七七六 艮之謙 350頁	七八六 剝之坤 176頁

外經卦變坤此天數為八應四十八卦三才數對應卦象表

八一一 泰之升 99頁	八二一 臨之師 147頁	八三一 明夷之謙 249頁	八四一 復之坤 177頁	八五一 升之泰 309頁	八六一 師之臨 75頁	八七一 謙之明夷 123頁	八八一 坤之復 45頁
八一二 泰之明夷 100頁	八二二 臨之復 148頁	八三二 明夷之泰 250頁	八四二 復之臨 178頁	八五二 升之謙 310頁	八六二 師之坤 76頁	八七二 謙之升 124頁	八八二 坤之師 46頁
八一三 泰之臨 101頁	八二三 臨之泰 149頁	八三三 明夷之復 251頁	八四三 復之明夷 179頁	八五三 升之師 311頁	八六三 師之升 77頁	八七三 謙之坤 125頁	八八三 坤之謙 47頁
八一四 泰之大壯 102頁	八二四 臨之歸妹 150頁	八三四 明夷之豐 252頁	八四四 復之震 180頁	八五四 升之恆 312頁	八六四 師之解 78頁	八七四 謙之小過 126頁	八八四 坤之豫 48頁
八一五 泰之需 103頁	八二五 臨之節 151頁	八三五 明夷之既濟 253頁	八四五 復之屯 181頁	八五五 升之井 313頁	八六五 師之坎 79頁	八七五 謙之蹇 127頁	八八五 坤之比 49頁
八一六 泰之大畜 104頁	八二六 臨之損 152頁	八三六 明夷之賁 254頁	八四六 復之頤 182頁	八五六 升之蠱 314頁	八六六 師之蒙 80頁	八七六 謙之艮 128頁	八八六 坤之剝 50頁

本元君天乙太上乾坤道脈首部應世聖書易道乾坤八法之成書後記

此八法之成，為仙山九天玄女無極元君校正，此藉蘇生之筆為草，復行鸞以為斧正，歷時三年而為圓，主要配合世間道場末法之期，本元君天乙太上乾坤道脈，為淨化之律行而相應行道專用。

總計三八四卦，涵蓋人生一切相應事理，只要心有所謀而難自安，皆可由八法所言之方式起卦，而依所得卦象搜尋參閱其中事理，而能輕易明白心中所關心事件，未來發展最可能衍生之吉凶得失，故縱使非習易之學者，也必能方便運用，此實為造福天下人之舉，可為天下人心中之明鏡，以決天下之疑，願有緣得識此書者，不僅珍視，且為廣傳。

萬法末劫，魔道熾盛，是非難明，眾人之迷象，惟行依賴，故難言自立，此失自信之由，捨自心惕勵之道，欲回復自性則遠矣，今【易道乾坤八法】能相濟於此，助人自立，無需依賴，如此心得以定靜，不為徬徨，是知漸能得以寬執，而無自苦，免去沉淪，此實為離脫輪迴之徑路，在尋回定心而為始。

是知依賴非為道，蓋所依賴者如有損，則一切努力皆成虛妄，惟自心以求圓，方回自性，復現如來，此自立方為道，是知【易道乾坤八法】為離輪迴之要法，閱者必具大福報，若能以之行道，必為大善。

以上所言，為仙山　九天玄女無極元君藉蘇生之筆降鸞，以為此聖書現世之後記。

相關易道乾坤八法之服務資訊與聯繫方式簡述提供運用

易道乾坤八法之原始資料檔，早已首發在臉書社團「學易門乾坤」，讀者於八法內容有疑惑之處，皆可於「學易門乾坤」社團提出，必得圓滿答覆。

若欲行進一步之研究，則可參與「九天玄冥道」所進行之各項易道五術課程，也有相關本八法運用之網路視頻可供參考，若欲私下聯繫，則可直接於社團聯絡本道脈諸執事，必能有進一步之理解與體會，以上服務資訊皆必得方便運用。

國家圖書館出版品預行編目(CIP)資料

易道乾坤八法 / 蘇欲同作. -- 高雄市 : 學易門
文化事業股份有限公司, 2023.08
面 ; 公分
ISBN 978-626-97774-0-2(平裝)

1.CST: 易經 2.CST: 易占

292.1 112014494

易道乾坤八法　九天玄女無極元君親傳

作者：蘇欲同
發行人：蘇欲同
出版者：學易門文化事業股份有限公司
地址：高雄市鳳山區過埤里田中央路77號
電話：(07) 796-1020

出版年月：2023年8月
定價：550元
印刷數量：3,000本（平裝）
美術設計：蘇尹晨
美術編輯：學易門文化事業股份有限公司

ISBN：978-626-97774-0-2（平裝）